KB217860

부처의 본 뜻

─ 지혜로의 여정 ─

김학렬 편저

> 부처는 아무런 설법도
> 하지 않았다.
> 다만 사람들이 했을 거라고
> 생각할 따름이다.

기원전

부처의 본 뜻

1판 1쇄 발행일 : 2021년 10월 20일

편저자 : 김학렬
펴낸이 : 정태경
펴낸곳 : 기원전출판사
출판등록 : 제22-495호
주소 : 서울시 송파구 토성로38-6, 상가304호
전화 : 488-0468
팩스 : 470-3759

ISBN : 978-89-86408-73-7   03220

블로그 https://hak21ti.tistory.com/m

* 이 책의 내용은 많은 부분 인터넷을 참조하였습니다.
  이 기회에 감사드립니다.

많은 사람들이 불교에 관심을 가지고 있으나 일반 대중에게 접근하기 힘든 면이 몇 가지 있습니다. 기독교 또는 천주교에게는 성경이라는 한 권의 경전이 있습니다. 이슬람교에게는 코란이라는 경전이 있습니다. 그러나 불교의 경우에는 상당히 많은 경전이 있어 팔만대장경이라고 표현합니다. 즉 불교를 알기에는 경전의 수가 너무 많고 처음에 어느 경전부터 보아야 할지 막막합니다.

그래서 불교의 가르침을 배우고 싶어 하는 일반 대중들에게 있어서 무슨 경전을 처음에 읽어야 하고 과연 불교의 진정한 가르침이 무엇인가를 이해하는 데는 상당한 어려움이 따릅니다. 또한 불교의 내용이 철학적인 내용을 포함한 경전이 많아 일반인이 이해하기에는 어려운 부분이 많습니다.

그러다 보니 불교의 진정한 가르침이 일부 식자에 의해 왜곡되고 변질되고 나아가 일종의 기복신앙으로 변질되는 경우도 종종 발생됩니다. 그래서 비록 불교에 대해 갖고 있는 적은 지식이나마 모아서 책으로 만들었습니다. 저는 본래 천학비재 하여 넓은 아량을 베푸시길 바랍니다. 또한 책 내용에 대해 좋은 의견이 있으신 분들은 기탄없는 조언을 부탁드립니다.

(블로그 https://hak21ti.tistory.com/m)

편저자 김학렬

- 목 차 -

제 1 장 가르침의 특징

제 2 장 가르침의 요체: 사성제

부록 : 주요 경전들

후 기

서 문

"당신은 신(神)이십니까?"

"아니오."

"당신은 창조주이십니까?"

"아니오."

"당신은 왕이십니까?"

"아니오."

"그럼 대체 당신은 누구십니까?"

"나는 깨달은 사람이요."

부처란 과연 누구인가?

우리가 사찰에 가면 흔히 볼 수 있는 것이 불상(佛像)이고 사람들은 그곳에 가서 절을 하고 소원과 복을 기원한다. 그러면 과연 부처는 그 소원을 들어주실 것인가? 부처는 이미 약 2500년보다 전에 돌아가신 분이다. 물론 중국과 같은 농경국가에서는 죽은 영웅을 모시고 신(神)으로 격상시켜 소원을 빌고 있는 경우가 상당히 많이 있다. 그러나 부처는 조상도 영웅도 아닌 인도지역 출신의 우리와 같은 사람이다.

부처란 신도 아니요 창조주도 아니요 절대자는 더욱 더 아닌 우리 인간과 똑같은 사람이다. 단지 깨달았다는 것이 다를 뿐이다. 불교란 종교라고 일반적으로 알고 있지만 실상 그 내용을 보면 여러 가지 면에서 기존 종교들과 다른 점을 많이 가지고 있다.

우선 종교의 제일 요건중의 하나인 창조주(創造主)로써의 절대적인 신이 없다(부처는 신이 아니다). 더 나아가 누구나 노력하면 불교의 이상인 부처의 경지에 오를 수 있다는 것이다. 사실 이것이 도리어 불교가 세계적으로 확장하는데 있어서 장애의 요인이 될지도 모르겠다. 인간은 한없이 약한 존재이며 따라서 누구엔가 의지하고 싶기 때문이다.

인간은 불완전한 동물이다. 그래서 무언가에 의지하려하고 그것이 인간보다 더 큰 능력을 가진 이른바 초인적인 존재에 의지하려 한다. 지역적 특색에 따라 다른데 농경생활을 하는 정착민들은 조상신을 숭배하고, 떠도는 생활을 한 유목민들은 자신들을 보호해 주는 유일신(창조주)을 숭배하게 되었다. 그런데 이들은 거의 일종에 초인(superman)의 개념이다. 즉 인간보다 뛰어난, 초월적인 힘을 가진(그러나 인간적인 성격을 지닌) 수호적인 존재이다.

사실 인간의 능력으로는 전생이니, 사후세계니 또는 천당과 지옥 등이 정말로 존재하는지 누구도 모른다. 다만 믿으면(?)

천당에 가고 좋은 세상에 태어난다고 각종 종교들은 이야기하고 있다. 이 얼마나 인간적인 구상인가?

나쁜 짓을 하여도 그 종교를 믿으면 천당에 가는 것일까? 물론 종교 사제들은 아니라고 극히 인간적인 윤리의 논리로 대답할 것이다. 그럼 착한 일을 많이 하였으나 그 종교를 믿지 않으면 죽어서 어디로 갈 것인가.

사실은 종교란 이런 사후 결과적인 응보의 개념보다는 나약한 인간에게 있어서 어떤 굳은 믿음을 주는 것으로써의 존재가치가 더 큰 것이다. 사람이 진짜 어려운 곤경에 처했을 때, 그 누구도 도와주는 사람이 없을 때 종교적 믿음은 자신에게 확신과 용기를 가져다 주는 것으로서 그 의미가 빛난다고 할 수 있다.

불교의 유래

불교는 아시아에서 발생하였고 아시아의 문화적 중심은 중국이다. 그래서 많은 나라들이 중국 문화권에 속해있어 왔다. 이러한 중국은 농경민족의 국가이다. 그렇기 때문에 일찍이 정착된 생활을 영위하였고 자연히 사고의 중심도 가족과 국가 위주의 방식이 형성되었다. 그러한 농경민족인 중국인들은 자연스럽게 조상신의 신앙을 가졌고 이것이 수천 년 내려온 그들의 사고에 대한 터전이 되었다.

그런데 불교가 인도에서 다른 나라를 거쳐 중국으로 들어오면서(이미 부처가 신격화 된 상태에서), 종교적 초월자로 믿게 된다는 것은 그들에게 있어서는 상당히 혼란을 야기 시키는 사건이었을 것이다. 중국인들은 중국을 세계의 중심이라 오랫동안 생각해 왔기 때문에 모든 사상과 문물은 중국인이 창조하고 발전되어 중국 중심이어야 된다고 생각해 왔다. 이러한 그들에게 거의 신과 같은 존재인 부처가 그들 앞에, 타국에서 건너왔다는 것에 대해 무척 당황했을 것이다.

그래서 이러한 혼돈에서 벗어나는 타협점으로 기존의 중국 사상과의 유사점을 찾는다는 것은 당연한 수순이었고 그들이 기존에 생각해낸 여러 사상 중에서 특히 유사한 도가(道家)가 전래

된 불교의 사상과 상당히 유사하다는 것을 발견하였고 그 결과 도교와 결합된 변형된 불교가 탄생하게 된 것이다. 불교의 여러 가르침 중에서 도교와 가장 유사한 선(禪)불교를 특히 결부시켰다. 즉 불교식 깨달음을 도교(道敎)식으로 도(道)를 깨우쳤다고 하고 그래서 오도송(悟道頌)이라는 것을 지었다. 이러한 중국식 불교가 한국으로 건너왔다.

부처가 깨달음을 얻은 후 대중들에게 이를 전파하던 시절의 설법을 모은 것이 아함경이다. 아함경은 비교적 일반대중에게 이해가 쉬운 경전이면서 부처의 사상을 가장 명확히 담은 경전이다. 그래서 부처 사후 불경결집 초기의 경전이 아함경 이었고 이 후 여러 경전이 만들어 졌다.

그런데 불교가 달마대사에 의해 중국으로 전래되면서 가져간 경전은 능가경이었고 나중에 반야경, 금강경, 화엄경, 법화경이 번역되어 전래되었다.

반야경 등을 비롯한 여러 경들의 사상 중에서 특히 공(空)사상이 중국 고유의 도교(노장지도, 노자와 장자)와 유사점이 많이 발견되면서(노자의 무無와 불교의 공空 사상) 초기 불교경전인 아함경은 잊혀져가고 도교와 결합된 불교는 도교의 장생불사(長生不死) 등으로 도(道)를 닦는 종교 또는 기복신앙(祈福信仰)으로 변질되었다.

도교와 불교가 한데 융합된 중국 특유의 불교사상은 다시 주역의 이론과 결합되어 체용(體用 몸통과 작용)의 논리가 도입되어 도인을 양성하게 되었다. 깨우침을 위한 참선(參禪) 또한 도를 닦는 것으로 변질되었고 유교의 격물치지(格物致知 한 가지 사안만 집중으로 궁리함)와 결합하여 화두를 찾는 선법으로 바뀌게 되었다. 이것이 돈오(頓悟 순간적 깨달음)와 점수(漸修 점진적 수양)의 싸움을 유발하게 되었던 것이다(물론 돈오와 점수에 대하여 부처의 설법이 있었던 것은 사실이나 이것이 두 파벌로 나뉘어져 싸우라고 하시지는 않았다).

인도의 경전을 중국어로 번역할 당시 불법의 가르침을 배우는 것을 도(道)를 닦는다는 식으로 번역한 것이 많은데 사실 부처께서는 사람들에게 도인(道人)이 되라고 가르치지 않으셨다. 또한 부처는 도를 닦기 위해 생식(生食) 등을 하시지 않았고 반면에 고기 즉 육식도 하셨다.

실제로 불교는 위와 같은 초월적인 존재를 부정한다. 불경에서 가끔 등장하는 여러 가지 설화(부처 탄생시의 신화)나 신통력이니 전생담이니 하는 상식 밖의 이야기는 단지 중생들을 교화하기 위한 방편일 따름이다. 방편이란 수준에 맞지 않는 사람을 위해 여러 가지의 수단을 사용하는 것이다. 그 수단이 설법도 되고 신통력으로 보이는 것처럼도 되고 신화 같은 이야기로도 나타내는 것이다.

불교는 단순한 가르침이다. 부처께서는 모든 사람이 노력하면 부처가 될 수 있다고 하셨다. 불교는 종교로서의 의미가 희박하다. 아함경에 보면 부처께서도 아파서 누워 계시면서 제자들에게 설법을 부탁하기도 하였다. 말년에 음식을 잘못 드시어 심한 복통으로 고생도 하셨다. 즉 부처께서는 창조주도 아니고 신(神)은 더욱더 아니다.

요즘 불교를 보면 마치 중[僧]들이 사제(신과 인간을 연결시켜주는 사람)의 역할을 하는 것처럼 보이는데 이것은 잘못된 것이다. 죽어서 천당에 가기위해 후손들이 재를 올려 잘된다면 불교의 가르침이 소용이 없을 것이다.

부처께서 임종하실 때 제자들은 '부처께서 돌아가시면 무엇에 의지해야 합니까?'라고 물으니 부처께서는 '나를 믿지 말고 내가 그동안 설법한 법에 의지하라.'고 하셨다.

잡아함경 287. 성읍경(城邑經)

부처가 말씀하시길

"내가 말하고자 하는 것은 '오래전 선각자의 길과 그 지름길과 그 발자취를 얻었다는 것이다. 옛 선각자는 이러한 발자취를 따라갔으니 나도 이제 따라가자.'는 것이다.

이것을 비유하면 어떤 사람이 혼자서 넓은 광야를 헤매고 거친 들판을 헤쳐 나가면서 길을 찾다가 문득 옛 사람이 다니던 길을 만난 경우인 것이다. 그는 그 길을 따라 계속해서 앞으로 나아가다 깨끗한 옛 마을과 왕궁(王宮)과 정원 그리고 목욕하던 호수, 수풀을 보게 되었다. 그는 이렇게 생각하였다.

'나는 이제 왕에게 돌아가서 이 사실을 고하여 왕이 알게 하리라.'고 생각한 그는 곧 바로 돌아가 왕에게 아뢰었다.

'왕이시여, 소신이 광야를 헤매며 거친 들판을 헤치고 길을 찾다가 문득 옛 사람이 다니던 길을 발견하였고, 저는 곧 그 길을 따라갔습니다. 제가 그 길을 따라 갔더니 거기에는 옛 마을과 옛 왕궁, 정원, 목욕하던 호수, 수풀, 물 등 청정한 곳을 보게 되었는데, 대왕께서 가셔서 살만한 곳이었습니다.' 그 말을 들은 왕은 바로 그곳으로 이사를 갔고, 그곳은 풍성하고 즐겁고 안온하여 많은 사람들이 불꽃처럼 모여들었다.

이제 나도 이와 같이 옛 선각자의 길, 옛 선각자의 지름길, 옛 선각자의 자취, 옛 선각자가 갔던 곳을 얻었고, 나도 그 길을 따라가게 되었다.

그것은 무엇인가? 그것은 바로 8정도(正道)인 것이다. 즉 바른 견해, 바른 뜻, 바른 말, 바른 행업, 바른 생활, 바른 방편, 바른 생각, 바른 선정이 그것이다. 나는 그 길을 따라 늙음, 병듦, 죽음이라는 것과 늙음, 병듦, 죽음이라는 것의 발생과 늙음, 병듦, 죽음이라는 것의 없어짐과 늙음, 병듦, 죽음이라는 것의 없어짐에 이르는 길을 보았다. 또 태어남, 존재, 취함, 애욕, 접촉, 6입처, 명색, 식도 마찬가지며, 행과 행의 발생, 행의 소멸, 행의 소멸에 이르는 길까지도 다 보았다.

불교는 그래서 흔히 종교에서 말하는 성서(聖書)의 역할을 하는 중심적인 책자가 없다. 그것은 부처께서 여러 사람들을 교화하실 때 각자 개인의 성품과 자질에 맞추어 본인에 알맞은 수준의 설법을 하셨기 때문에 매우 많은 경우의 설법이 존재하게 되고 부처 사후에 이러한 설법을 모으다 보니 많은 양이 되었고 그래서 이를 팔만대장경이라고 부르게 된 것이다.

또한 부처께서는 이러한 여러 가지 진리들이 신(神)으로부터 물려받은 것도 아니고 또한 자신이 창안한 것도 아니며 다만 과거와 현재 그리고 미래를 통해 항상 불변하는 진리를 자신이 찾아서 모든 사람들에게 알려주는 것뿐이라 하셨다. 즉 고대부터 그리고 자연원리로써 존재한 것을 단지 발견(발명이 아닌)하여 세상 사람들에게 알려준다는 것이다. 그래서 불교란 상식적인 가르침이다. 어려운 인과응보의 법칙도 다만 착한 일을 하면 복을 받고 악한 일을 하면 벌을 받는다는 자연의 당연한 도리인 것이다.

부처님 살아 생존 시에는 가르침을 문자로 작성하여 기록된 것을 가지고 배운 것이 아니라 설법을 통하여 구전으로 가르쳤다. 그래서 부처님 사후에도 얼마간은 구전(口傳)으로 내려왔는데 그 이유는 스스로 암송함으로써 진리에 대한 진정한 의미를 확실히 깨닫게 하는데 있다. 문자로 기록된다는 것은 좋은 점과 나쁜 점이 있다. 문자로 기록되면 많은 사람들이, 세대를 넘어서 전파될 수 있는 반면에 가르침에 대한 집중이 약하고 게을러지기 쉽다. 반면에 가르침에 대한 집중과 몰두를 위해서는 반복적 가르침의 낭송을 통한 암송이 훨씬 효과적이다.

그래서 불경의 내용을 보면 똑같은 내용의 반복이 많은데 이것은 구송(口誦)을 통해 가르침을 이해하기 때문인 것이다. 그러므로 게송(偈頌 짧은 글로 진리를 표현한 형식)이 많이 있는 것이다. 인쇄술의 발달로 인한 서적의 보급은 인류문명발전에 지대한 공헌을 하였다. 반면에 지식은 많은 사람들에게 전파되었으나 진정한 지혜를 가진 사람의 수는 도리어 줄어들었다.

출요경 방일품

어떤 한 비구가 외지로부터 부처님 계신 곳으로 찾아 왔다. 그 비구는 부처께 나아가 땅에 엎드려 발에 예배하고 일어나 한쪽에 앉았다. 얼마 시간이 지난 후 다시 앞으로 나아가 부처님께 다음과 같은 질문을 하였다.

"저는 많이 아는 비구라는 말을 들었는데, 어느 정도 아는 이를 많이 아는 비구라고 하는 것입니까? 부처님께서 말씀하시는 많이 아는 비구란 것은 얼마나 많이 아는 비구를 말하는 것입니까?"

부처께서 대답하셨다.

"내가 지금까지 설한 것은 이루 다 기억할 수 없을 정도로 많다. 이것에 대하여 말하자면

우선 첫째는 경전에 관한 것이다. 직문(直文)으로서 매우 깊

은 이치를 설한 것이다.

그리고 둘째는 송(誦)에 관한 것이다. 차례를 갖춘 말로서 본뜻을 잃지 않는 것이다.

셋째는 기(記)에 관한 것이다. 모든 사부 대중과 과거의 일곱 부처님의 일곱 생애, 즉, 그 종족과 출생과 대열반에 든 일과 또 열여섯 명의 외도와 수행자 열네 명이 열반에 든 일이다. 그런데 두 명은 열반에 들지 못했으니, 바로 미륵과 아기(阿耆), 이 두 외도이다.

넷째는 게(偈)에 관한 것이다. 많은 경전에 흩어져 있는 게송은 그 이치와 뜻이 깊고 넓으며, 또 매우 풍부하다.

다섯째는 인연(因緣)에 관한 것이다. 인연을 얽히기에 이것을 말하고, 인연을 얽히지 않기에 이것을 말하지 않는 것이다. 그것이 인연이다.

여섯째는 출요(出曜)에 관한 것이다. 출요는 '무상품'에서 시작해 '범지품'에 이르는 것으로, 많은 경전의 중요한 법을 뽑아서 해설하고 널리 펴서 후세의 중생들을 가르치기 때문에 출요라고 한 것이다.

일곱째는 성사(成事)에 관한 것이다. 성사란 계율을 지키는 사람과 계율을 범하는 사람을 나누어 기록하였기 때문에 성사라고 한 것이다.

여덟째는 현법(現法)에 관한 것이다. 현법이란, 현재에 눈으로 보고 귀로 들은 사실을 그대로 기록하였기 때문에 현법이라고 한 것이다.

아홉째는 생경(生經)에 관한 것이다. 생경이란, 누군가의 전생과 같이, 생(生)이 1생(生)이나 여러 생에서 백천 생에 이르기 때문에 생경이라고 한 것이다.

열째는 방등(方等)에 관한 것이다. 방등이란, 먼저는 간단하지만 나중은 자세하여 어떤 법이나 모두 간직되어 있기 때문에 방등이라고 한 것이다.

열한째는 미증유법(未曾有法)에 관한 것이다. 아난이 미증유의 법이라고 부처님의 공덕을 찬탄한 것과 같은 것이다.

열두째는 의경(義經)에 관한 것이다. 의경이란, 경전의 이치와 게송의 이치를 낱낱이 통달하여서 걸림이 없는 것이다.

'많이 아는 비구'란 이런 것을 다 아는 비구이다.

또 비구들이여, 만일 착한 남자로서 믿는 마음이 돈독하여 네 글귀 게송의 이치를 받들어 지니고, 그것을 외워서 법을 통달하고 법을 성취하되, 법을 따르고 법을 향하며, 법으로써 법을 깨닫고, 낱낱이 생각하여 법의 가르침대로 행하여서 빠뜨림이 없으면, 그도 또한 많이 아는 비구라고 할 수 있을 것이다.

그러나 아무리 많은 경전을 외우고 알고 있다 하더라도 그 법과 가르침대로 따르지 않고, 법을 어겨서 마음대로 행하는 사람은 바른 법을 해치고 말 것이니, 그는 많이 아는 비구라 할 수 없다."

부처님께서는 다시 비유를 들어 비구들에게 말씀하셨다.

"옛날, 어떤 사람이 많은 소떼를 치고 있었다. 그런데 그는 자신의 소들은 버려두고 남의 소를 세면서 그것을 자기 마음대로 자신의 소인 것처럼 생각하였다. 그래서 자신의 소들은 사나운 짐승에게 죽기도 하고, 혹은 넓은 들판에서 잃어버리기도 하여서 날로 줄어들었으나 그것을 깨닫지 못하였으므로 남들이 이렇게 비웃었다.

'세상에 당신처럼 어리석은 사람은 없을 것이다. 남의 소를 자신의 소라고 생각하는구나.'

많이 안다는 비구도 역시 이와 같다. 즉, 스스로는 바른 법과 가르침을 따르지 않으면서 남에게는 의복, 음식, 침구, 의약 등의 네 가지를 자신에게 공양하기를 권한다. 또 남에게는 계율을 받들고 복을 닦을 것을 권하면서 말하길, '선을 행하면 그 과보를 얻고 죄를 익히면 재앙을 받는다.'고 한다. 그 비구는 사문의 계율을 따르지 않으므로 가르침을 닦는 사람들의 비웃음을 받는다.

이들은 모두 그에게로 몰려가서 다음과 같이 꾸짖어 충고할 것이다. '너는 고금(古今)의 밝은 가르침에 대해 많이 알고 있지만 그 심오함을 저버리니, 바르게 머물 수도 없고 바른 사람이 될 수도 없을 것이다. 또한 사문의 계율을 범하고 법을 어기며 가르침을 벗어나니, 비록 그 한 생을 살더라도, 어찌 난세(亂世)의 생각을 품지 않을 수 있겠으며, 어찌 잘못이 없을 수 있겠는가? 모든 천인(天人)과 신선들에게도 허물이 있다고 들었지만, 오직 지혜로운 자만이 백 가지 깊은 생각으로 천 가지 허물을 버리니, 이것이야 말로 으뜸의 행이다.' 이어 수행자는 다음과 같은 게송을 읊을 것이다."

비록 많은 이치를 외우고 익히더라도
방일하여서 정도를 좇지 않으면
소치는 사람이 남의 소를 세는 것처럼
진정한 사문이 될 수 없다.

많은 사람이 월급으로는 부족하기 때문에 재테크를 한다. 재테크의 대표적인 것으로 주식과 부동산이 있다. 부동산이 급격히 오르고 집을 가진 사람 입장에서는 큰돈을 벌었다고 생각하지만 정작 집을 1채만 가진 사람에게는 그 금액이 단지 장부상의 숫자에 불과하다. 집을 상품이 아닌 거처로 생각하는 1주택자에게는 많이 오르나, 많이 떨어지나 아무 상관이 없는 허수(虛數)이기 때문이다. 5억 하던 집이 10억으로 올랐어도 팔아 이득을 취하지 않으면 아무 소용이 없고 또 팔면 거처할 다른 집을 구하여야 하는데 그곳도 역시 올라 결국은 마찬가지 금액을 주고 구입할 수밖에 없다.

또한 많은 사람들이 주식을 한다. 그런데 청산하지 않은 주식의 오른 가격만 보고 돈을 벌었다고 주변에게 자랑하고 자축한다. 실현되지 않은 돈을 자기 돈이라 생각한다. 자랑하며 돈을 낭비하다 어느 날 떨어지면 후회하게 된다.

불경 경전 성립과 종류

부처님 살아생전에는 불법이 구송(口誦 입으로 반복하여 외움)되여 졌으나 부처님 사후에는 많은 승려들이 부처님의 가르침을 문자로 작성하여 경전을 만들 필요성을 느꼈다. 그래서 여러 차례의 회합을 통하여 경전을 만들게 되었다.

이러한 회합을 통해 초기에 만들어진 것이 빠알리 삼장(三藏 pali: 인도의 고대 언어)이었다. 그것은 경장(經藏: 가르침에 대한 것)과 율장(律藏: 계율에 관한 것)과 논장(論藏: 이론적인 것)이다.

빠알리 삼장(Tipitaka- 세개의 바구니)

경장(經藏 Sutta-pitaka)

<u>아함경(1~4)</u>

1.장부(長部 디가**니까야** Digha-Nikaya)-장아함경

2.중부(中部 맛지마**니까야** Majjhima-Nikaya)-중아함경

3.상응부(相應部 쌍윳따**니까야** Samyutta-Nikaya)-잡아함경

4.증지부(增支部 앙굿따라**니까야** Anguttara-Nikaya)

-증일아함경

5.소부(小部 쿳다까**니까야** Khuddaka-Nikaya)

-1.소송경(小誦經 쿳다까 빠타Khuddaka-patha)

-2. 법구경(法句經 담마빠다Dhammapada)

-3. 자설경(自說經 우다나Udana)

-4. 여시어경(如是語經 이띠웃따까Itivuttaka)

-5. 경집(經集 숫따니빠따Sutta-nipata)

-6. 천궁사경(天宮事經 위마니 왓투Vimanavatthu)

-7. 아귀사경(餓鬼事經 뻬따 왓투Petavatthu)

-8. 장로게경(長老偈經 테라가타Theragatha)

-9. 장로니게경(長老尼偈經 테리가타Therigatha)

-10. 본생경(本生經 자따까Jataka)

-11. 의석(義釋 닛데사Niddesa)

-12. 무애해경(無碍解道 빠띠삼바막가Patisambhida-magga)

-13. 비유경(譬喩經 아빠다나Apadana)

-14. 불종성경(佛種姓經 붓다왕사Buddhavamsa)

-15. 소행장경(所行藏經 짜리야삐따까Cariya-pitaka)

율장(율장 Vinaya Pitaka)

　1. 빠라지까　빨리

　2. 빠찟따야　빨리

　3. 마하왁가

　4. 쭐라왁가

　5. 빠리와라

논장(논장 Abhidhamma Pitaka)

　1. 담마상가니

2 . 위방가

3 . 다뚜까타

4 . 뿍갈라 빤냣띠

5 . 까타왓투

6 . 야마까

7 . 빳타나

 통상적으로 불경은 아래와 같이 분류된다.

아함경: 장아함경, 중아함경, 잡아함경, 증일아함경

방등경: 보적경, 능엄경, 대승보운경, 출요경

반야경: 반야심경, 금강경, 능가경, 유마(힐)경,

그리고 **법화**경, **열반경**, **화엄**경 등이 있다.

제 1 장
가르침의 특징

부지런함과
뒤바뀌지 않은 생각이
부처의 실용적 가르침이다.

1-1. 방편(方便): 뒤바뀐 생각하지 마라

불경은 가짓수가 왜 그리 많은 것일까? 얼마나 많았으면 팔만 사천법문이라고 하였을까. 그것은 부처의 일생을 보면 잘 알 수 있다. 부처는 29세에 출가하여 6년 수행 끝에 35세에 깨우침을 얻고 그 후 80세까지 45년간을 돌아다니면서 설법을 하셨다. 그 긴 기간 동안 수많은 사람을 만났고 각자가 다양한 성격과 경우를 만나게 되었다. 따라서 단일한 가르침으로 모든 각종 사람들을 깨우침에 인도할 수는 없었을 것이었다. 그래서 부처께서는 사람들에게 가르치는 방법의 기본으로 방편(方便)을 구사하셨다. 방편이란 무엇인가? 방편이란 설교를 듣는 사람 또는 대중의 수준과 경우에 맞추어 적절하고 유익하게 가르치는 것을 말한다. 요즘말로 하면 눈높이 교육인 것이다. 이 방편이란 꼭 가르치는 경우에 한정하지 않고 상대방을 이해시키고 유익하게 하는 모든 **수단**을 총칭한다. 모든 사람의 개개인의 수준에 맞추어 설법을 하셨기 때문에 이런 설법을 모아놓은 불경의 수가 그렇게 많은 것이다.

유마(힐)경 9. 부르나

부처께서 제자 부루나에게 말씀하셨다.

"그대가 가서 유마힐에게 문병하지 않겠는가?"

부루나가 부처님께 말씀드렸다.

"세존이시여, 저는 그를 찾아가 문병하는 일을 감당할 수 없습니다. 왜냐하면 제가 옛날 커다란 숲속의 한 나무 밑에서 새롭게 배우기 시작한 비구들을 위하여 설법하던 일이 생각나기 때문입니다. 그 당시에 유마힐이 찾아와 저에게 말했습니다.

'부루나여, 마땅히 먼저 선정에 들어 이들의 마음을 관찰한 후 법을 설해야 합니다. 더러운 음식을 보물그릇에 담아서는 안 됩니다. 마땅히 이 제자들이 바라는 바를 알아야 합니다. 유리를 수정과 동일시하는 일이 없어야 합니다. 그대는 중생의 근원을 알 수 없습니다. 단순한 일률적 가르침으로 그 마음을 일으키게 해서는 안 됩니다. 그들로 하여금 부스럼이 없는데 긁어서 상하게 해서는 안 됩니다. 큰 길을 가고자 하는 사람에게 작은 길을 가리키지 마십시오. 큰 바닷물을 소의 발자국에 넣는 일이 없어야 합니다. 햇빛을 저 반딧불과 동일시해서는 안 됩니다.

부루나여, 이들 제자들은 이미 불심을 발한 지 오래 되었지만 도중에서 그 마음을 잃었을 뿐입니다. 어찌 초보의 가르침으로 그들을 이끌 수 있겠습니까? 제가 보기에는 소승은 지혜가 미천함이 마치 장님과 같고 모든 중생의 능력이 날카롭고 무딘 것을 분별하지 못합니다.'

그때 유마힐은 곧 삼매에 들어 이 제자들로 하여금 자신들의 숙명(宿命)을 알게 하였습니다. 또한 자신의 완성을 위해서만 수도하는 성문은 사람이 태어나면서부터 갖추고 있는 능력을 밝게 살피지 않고서는 설법하지 않아야 한다고 생각하였습니다. 이와 같은 까닭으로 제가 그를 찾아가 문병하는 일은 적합하지 않습니다."

부루나는 일반 대중을 상대로 하는 설법에는 자신이 있으나 그런 설법으로 유마힐을 찾아가기에는 자신이 부족하다는 것을 알았던 것이다.

즉 진리란 하나이지만 개개인에게 적용되는 것은 수 천, 수 만 가지가 되는 것이다. 그래서 불경 중에는 아주 쉬운 것부터 상당히 어려운 것까지 광범위하게 있게 된다. 이러한 수많은 각각의 경우에 대하여 적합한 방편을 구사하는 것이 올바른 방법인 것이다.

증일아함경(增一阿含經) 사의단품(四意斷品)

부처님께서 어느 기원정사에 계실 때였다. 어느 날 왕은 나라 일로 성 밖에 나가 있었다.

그때 왕의 어머니는 백 살이 가까운 나이로 오래 전부터 병석에 누워 있었는데, 불행히도 왕이 나가고 없는 사이에 돌아갔다.

지혜로운 재상은 효성스런 왕이 이 불행한 소식을 들으면 큰 충격을 받고 슬퍼할까 염려한 끝에 어떤 방편을 써서라도 왕의 슬픔을 덜어 주어야 하겠다고 생각했다.

그는 오백 마리의 코끼리와 말과 수레를 화려하게 장식하고 수많은 보물과 기녀들을 실은 뒤 만장을 앞세워 풍악을 울리면서 상여를 들러 메고 성 밖으로 나갔다.

왕의 일행이 돌아오는 도중에 만날 수 있도록 하기 위해서였다. 왕은 호화로운 상여를 보고 마중 나온 재상에게 질문을 하였다.

"저것은 어떤 사람의 장례 행렬인가?"

"성 안에 사는 어떤 부잣집 어머니가 돌아가셨답니다."

왕은 다시 물었다.

"저 코끼리와 말과 수레는 어디에 쓰려는 것인가?"

"그것들은 염라대왕에게 갖다 바치고 죽은 어머니의 목숨을 대신하려고 한답니다."

왕은 웃으면서 말했다.

"어리석은 짓이다. 목숨이란 멈추게 할 수도 없지만 대신할 수도 없는 것. 한번 악어의 입에 들어가면 구해낼 수 없듯이, 염라대왕의 손아귀에 들면 죽음은 면할 수 없다."

"그러면 여기 오백 명의 기녀들로 죽은 목숨을 대신하겠다는 것입니다."

"기녀도 보물도 다 쓸데없는 짓이다."

"그러면 바라문의 주술과 덕이 높은 사문의 설법으로 구원하겠다고 합니다."

왕은 껄껄 웃으면서 말했다.

"그것은 다 어리석은 생각이다. 한번 악어 입에 들어가면 나올 수 없는 것. 생이 있는데 어찌 죽음이 없겠는가. 부처님께서도 한번 태어난 자는 반드시 죽는다고 말씀하셨거늘."

이때 재상은 왕 앞에 엎드려 말했다.

"대왕님, 말씀하신 바와 같이 모든 생명 있는 것은 반드시 다 죽는 법입니다. 너무 상심하지 마십시오. 태후께서 돌아가셨습니다."

왕은 이 말을 듣고 놀랐다. 깊은 한숨을 쉬었다. 한참을 말 없이 있다가 입을 열었다.

"착하다, 재상이여. 그대는 미묘한 방편으로 내 마음을 위로해 주는구나. 그대는 참으로 좋은 방편을 알고 있구나."

왕은 성으로 들어가 여러 가지 향과 꽃으로 돌아가신 어머니께 공양하였다.

법화경 비유품

이때 사리불이 부처님께 방편과 진실의 법을 청하였습니다.

부처님께서 사리불에게 말씀하셨다.

"사리불이여! 다시 비유로서 이치를 밝히리라. 예컨대 어떤 나라 한 마을에 나이는 늙었으나 재물이 한량없이 많고 전답과 가옥과 고용인들과 시종들을 거느린 한 장자가 있었느니라.

그 집이 매우 크지만 출입문은 오직 하나뿐이고 식구가 많은데 사면에서 한꺼번에 불이나 모든 집들이 한창 타고 있었느니라.

장자는 큰불이 타오르는 것을 보고 놀라면서 '나는 비록 이 불난 집을 무사히 나왔으나 자식들은 아직 불난 집에서 놀기만 좋아하는구나. 불이 난 것을 알지도 못하고, 놀라지도 않고, 두려워하지도 않는구나. 이 집이 벌써 불이 크게 타고 있는데 나와 자식들이 이때에 나가지 않으면 반드시 타버릴 것이다. 내가 방편을 내어 자식들로 하여금 피해를 입지 않게 하리라.'

자식들이 예전부터 장난감을 좋아 하니 그것을 보면 반드시 좋아하리라. 그래서 이렇게 말하였느니라. '너희들이 좋아하고 가지고 싶어 하던 장난감이 여기 있는데 지금 와서 갖지 않으면 나중에 반드시 후회하게 되리라. 저렇게 양, 사슴, 소가 끄는 좋은 수레가 지금 대문 밖에 있다. 나가서 타고 놀기 좋으니라. 너희들은 불타는 집에서 빨리 나오너라. 너희들이 가지고 싶은 대로 주리라.'

자식들은 아버지가 말하는 장난감이 마음에 들어 기뻐하면서 앞 다투어 집에서 뛰쳐나왔다. 장자는 여러 자식들이 무사히 나와 아무 거리낌이 없는 것을 보고 마음이 태평하고 기쁨이 한량없었느니라.

자식들이 '약속한 세 가지 장난감인 수레를 얼른 주십시오.'라고 하니 장자는 재물이 한량없어서 이 기회에 변변치 못한 것을 줄 것이 아니라 보석으로 만든 큰 수레를 골고루 나누어 주었느니라."

그래서 불교가 전파되는 과정 중에 (역사상) 소승(小乘)불교와 대승(大乘)불교로 나누어 싸우고 있어 소승은 개인의 해탈을 위한 것이고 대승은 만인을 구제하는 것이라고 각자들이 옳다고 주장하는데 실은 법화경에서 표현한대로 각각의 사람수준(양, 사슴, 소가 끄는 좋은 수레)에 맞추어 설해진 가르침의 구분인 것이다.

가르침을 위한 말이나 글도 일종에 방편이다. 원래 진리란 말로 표현할 수 없는 것이다. 그러나 말로 표현하지 않으면 전법(傳法 법을 전함)이 안 되는 것이다. 그래서 방편인 말로 표현한 것이다. 그러나 말로 전했다 해서 그 말 자체를 신봉하면 안 된다. 말은 수단이고 그 속에 있는 진정한 의미를 깨우쳐야 한다. 그러므로 그 말이 훌륭하고 참 진리라 생각에 그것에 얽매이게 되는데 그러지 말라는 것이다. 이것을 뒤바뀐 생각이라고 한다. 즉 가르침을 위해 방편을 사용했으나, 방편에 얽매이지는 말아야 한다. 본뜻은 젖혀두고 그 말 자체에 집착하지 말라는 것이다. 아래 소개되는 경은 뜻은 말이라는 방편을, 달을 보기위해서는 손가락이라는 방편을, 강을 건너기 위해서는 배라는 방편을 사용한다는 것이다.

능가경

대혜여, 어떤 이가 만약 법을 설하되 문자에 떨어진다면 이
것은 허망하게 속이는 설법이다. 왜냐하면 모든 법의 자성
은 문자를 떠났기 때문이다. 그러므로 대혜여, 나는 모든
경 가운데서 나와 모든 부처님과 모든 보살은 한 자도 설하
지 않고 한 자도 답하지 않았다고 설하였다. 왜냐하면 일체
모든 법은 문자를 떠났으므로 뜻을 따르지 않고 분별하여
설하지 않는다.

그러나 대혜여, 만약 설하지 않으면 진리와 가르침이 끊어지
고, 이러한 전법이 끊어지면 성문 연각 보살 모든 부처님이
없을 것이다. 만약 모두 없다면 누가 누구를 위하여 설하겠
느냐?

능엄경

부처께서 아난에게 이르시기를 "너희들이 아직까지도 얽힌
인연으로 생긴 마음으로 법을 듣나니 그 법도 역시 단지 얽
힌 인연일 뿐이라서 법성(法性)을 얻은 것이 아니니라.

가령 어떤 사람이 손으로 달을 가리키며 옆의 사람에게 보일
경우 그 사람이 손가락으로 달을 보아야 마땅할 것인데, 만
약 손가락을 보고 달이라고 한다면 이 사람은 다만 달을 잃

어 버렸을 뿐만 아니라 손가락까지도 잃어버릴 것이니, 어째서 그런가 하면 이는 가리키는 손가락을 가지고 밝은 달이라고 하였기 때문이다. 어찌 다만 손가락만 잃을 뿐이리오! 또한 밝은 것과 어두운 것도 알지 못하리니, 어째서 그런가 하면 곧 손가락을 달의 밝은 성품이라고 생각하여 밝고 어두운 두 성품에서 깨달을 것이 없기 때문이니 너 또한 그러하니라.

만약 나의 설법하는 음성을 분별하는 것으로 네 마음이라고 생각한다면 그 마음이 마땅히 음성을 분별하는 것을 떠나서도 따로 분별하는 성품이 있어야 할 것이다.

비유하면 마치 어떤 나그네가 여인숙에 쉬기 위하여 잠시 머물렀다가 문득 떠나 버리면 이는 마침내 항상 머무는 것이 아니지만, 여인숙을 맡은 사람은 갈 곳이 없으므로 여인숙의 주인이라고 하는 것과 같으니, 이 또한 그와 같아서 만약 진실한 너의 마음이라면 갈 곳이 없을 터이니 어찌 소리를 여의었다고 해서 분별하는 성품이 없으리오.

이것이 단지 소리로 분별하는 마음뿐이겠는가 내 얼굴을 분별하는 것도 모든 물질의 모양을 여의고서는 분별하는 성품이 없으리니, 이와 같이 분별함이 전연 없는 데에까지 이르러서는 물질도 아니고 허공도 아니므로 등이 이에 어두워서 어둠이라 하나리라. 법의 얽힌 인연을 떠나서 분별하는 성품이 없다면 곧 너의 심성(心性)이 각각 돌아갈 곳이 있을 터이니 어찌 주인이라고 하겠느냐?"

위와 같이 불교는 철저하게 분별을 여의라고 가르친다. 분별
이 선입견을 만들고 그래서 판단을 흐리게 한다는 것이다. 그러
면 분별을 만들지 않으면 어찌 사물과 상황들을 구분하여 인식
하겠는가, 여기서 방편의 필요성이 나오는 것이다. 방편이란 분
별을 하되 그 목적을 이룬 후에는 분별을 버리는 것 이것이 바
로 방편인 것이다.

사유경

"제자들이여, 나는 또 너희들에게 집착을 버리도록 하기 위
하여 뗏목의 비유를 들겠다. 어떤 나그네가 긴 여행 끝에
바닷가에 이르렀다. 그는 생각하기를 '바다 건너 저쪽은 평
화로운 땅이다. 그러나 배가 없으니 어떻게 갈까? 갈대나
나무로 뗏목을 엮어 건너가야겠군.'하고 뗏목을 만들어 무
사히 바다를 건너갔다. 그는 다시 생각하였다. '이 뗏목이
아니었다면 바다를 건너 올 수 없었을 것이다. 이 뗏목은
내게 큰 은혜가 있으니 메고 가야겠다.'
너희들은 어떻게 생각하느냐. 그가 그렇게 함으로써 그 뗏목
에 대해 자기 할 일을 다 했다고 생각하느냐?"
제자들은 하나같이 그렇지 않다고 대답했다.
부처님은 다시 말씀하셨다.

"그러면 그가 어떻게 해야 자기 할 일을 다 하게 되겠는가. 그는 바다를 건너고 나서 이렇게 생각해야 할 것이다. '이 뗏목으로 인해 나는 바다를 무사히 건너왔다. 다른 사람들도 이 뗏목을 이용할 수 있도록 물에 띄워 놓고 이제 나는 내 갈 길을 가자.' 이와 같이 하는 것이 그 뗏목에 대해서 할 일을 다 하게 되는 것이다.

나는 이 뗏목의 비유로써 교법을 배워서 그 뜻을 안후에는 버려야 할 것이지 결코 거기에 집착할 것이 아니라는 것을 말하였다. 너희들은 이 뗏목처럼 내가 말한 교법까지도 버리지 않으면 안 된다. 하물며 법 아닌 것이야 말할 것 있겠느냐.(법상응사 하황비법 法尙應捨 何況非法)"

능엄경

그때에 부처님께서 대중 가운데의 여러 큰 보살들과 정기가 밖으로 새는 것이 다 끊어진(무루 無漏) 큰 아라한에게 널리 구하여 말씀하시기를

"너희들 보살과 아라한이 나의 법 가운데에서 배울 것이 없는 경지를 이루었나니 이러한 최상의 경지를 이루기 위해 내가 지금 너에게 묻겠는데 최초의 발심하여 18계(界)를 깨달았을 적에 어느 것이 원만하게 통한 것이며 어떤 방편으로 삼매에 들어갔느냐?"

향엄동자가 자리에서 일어나 부처님의 발에 이마를 대어 절

하고 부처님에게 아뢰기를

"저는 여래께서 저에게 모든 작위가 있는 형상을 자세히 살피라고 하심을 듣고서 제가 그때 부처님에게 하직하고 깨끗한 방에서 편안히 생각에 잠겼다가 여러 비구가 향 태우는 것을 보았더니 그 향기가 은연중에 코 속으로 들어오거늘 제가 그 향기는 나무도 아니요 허공도 아니며 연기도 아니요 불도 아니어서 가도 닿는 데가 없으며 와도 좇아온 데가 없음을 관하였나이다. 이로 인하여 뜻이 사라져서 정기가 밖으로 새는 것이 끊어짐을 발명하였사오니, 여래께서 저를 인가하시어 '향엄(香嚴)'이란 호를 주시였사온데 대상인 향기가 문득 사라지고 오묘한 향기가 은밀하고 원만하거늘 저는 그 향엄으로부터 아라한을 얻었사오니 부처님께서 원만하게 통한 원인을 물으신다면 제가 증득한 바로는 향기가 으뜸인가 하나이다."

법화경 방편품

나(부처)는 그것을 보리수 아래 깨달음의 자리에서 알았다. 꼭 21일 동안 그 자리에 앉아 나무를 쳐다보며 어떻게 그들을 해탈로 이끌까 생각했다. 나는 그 보리수를 눈도 움직이지 않은 채 쳐다보며 명상에 열중한 채 그 아래를 거닌다. '이 지혜는 아주 뛰어나고 세상에 드물며 중생들은 미망에 눈멀고 무지인 자들이다'라고 생각하였다. 그런데 이때 범천, 제석천, 사천왕, 대자재천, 자재천 그리고 수천 신의 무리들이 모두 합장해서 경의를 나타내며 나에게 설법을 간청한다.

그래서 나는 그 일을 생각한다.

'어떻게 할 것인가. 내가 깨달음을 찬탄해서 설한다 해도 중생들은 괴로움에 시달린다. 어리석은 이들은 내가 설한 법을 나쁘게 말하고 악의로 비방했기 때문에 최악의 세계에 떨어질 것이다. 그러니 아무것도 설하지 않는 편이 좋겠다. 지금이야말로 적정의 열반에 들어갈 때이다'라고.

그러나 동시에 과거의 여러 부처님들과 그분들의 절묘한 방편이 어떤 것이었는지 생각나서 '그렇다면 나도 방편으로 이 깨달음을 세 가지로 나누어 설하자'라고 생각했다.

그렇게 내가 이 법에 대해 생각했을 때 시방에 계시는 다른 부처님들께서 내 앞에 모습을 나타내시어 '좋은 일이오.'라고 칭찬의 말씀을 하셨다.

"세간을 이끄는 분으로 최고인 현자여 위없는 지혜를 이 세상에서 깨닫고 과거 세간의 여러 여래들의 절묘한 방편에 대해 생각하고 그것을 배우려고 하는 것은 좋은 일이오.

우리도 부처님의 최고의 경지를 깨달았을 때 세 가지 탈것으로 나누어 설했소. 그러나 마음이 천한 무지한 인간들은 '그대들은 마침내 부처님이 될 것이다'라는 말을 믿을 수 없을 것이오.

그러므로 우리는 그 인연을 잘 파악해서 절묘한 방편으로 그
들이 부처가 되는 결과를 얻도록 널리 찬탄해서 많은 보살
들을 깨달음의 길로 이끄는 것이오."라고

그때 나도 부처님의 훌륭한 말씀을 듣고 기뻐했다. 기뻐서
나는 그분들께 말씀드렸다. '아주 뛰어난 설법자이신 성선
들이시여 경배하옵나이다. 세간의 현명한 지도자이신 부처
님께서 말씀하신 것처럼 저도 행하겠사옵니다. 저도 이 두
렵고 흔들리는 세계에 사람들이 타락한 한가운데 출현한 것
이옵니다.'라고.

사리불이여, 이와 같이 알고 나는 그때 바라나시를 향해 갔
다. 그리고 그곳에서 적정의 경지에 속하는 법을 다섯 명의
비구에게 방편으로 설하였다. 이렇게 해서 나의 법륜이 움
직였다.

위 법화경의 내용을 보면 부처가 평생 설하신 것이 다 방편이
라는 것을 알 수 있고 방편이기 때문에 결국 아무 설법도 하지
않았다는 이야기도 이해가 되는 것이다. 부처의 8만 대장경의
설법이 결국은 다 이 방편인 것이다. 방편! 방편! 은 결국 우리
를 깨달음으로 인도하는 수단이다. 꼭 필요하고 그렇지만 깨달
은 후에는 전혀 집착할 필요가 없는 것이다.

이러한 방편에 의거한 설법 때문에 불경에는 다양한 가르침이
존재하는데 이를 정리하면 아래와 같다.

수행	3학	6바라밀	8정도
착함	계(戒) 계율	보시, 지계	정어 정명 정업
부지런함	정(定) 선정	인욕, 정진	정정진 정정
지혜로움	혜(慧) 지혜	선정, 지혜	정견 정사유 정념

불교의 원시경전인 아함경을 보면 부처의 가르침에 37가지 조도품이 있다고 하는데 이를 살펴보면

37조도품

　　4념처(4念處): 신(身) 수(受) 심(心) 법(法)

　　4정근(正勤)

　　4여의족(如意足)

　　5근(根)

　　5력(力)

　　7각지(覺支)

　　8정도(正道)

여기서 겹치는 부분을 살펴보면

　정진은 사정근, 4여의족, 5근, 5력, 7각지, 8정도

　생각[念]은 4념처, 5근, 5력, 7각지, 8정도에서 중복된다.

이렇게 방편이란 도구를 가지고 부처님께서는 모든 사람을 위하여 설법에 나아 가셨다.

(대)열반경

　제자들이여, 내가 지금까지 너희들에게 말하여 온 여러 가지의 가르침에 대하여, 너희는 항상 이것을 생각하고 외우고

익혀서 버리지 말아야 한다. 천하의 사람들이 스스로 마음을 바르게 가지면, 모든 하늘은 이를 위하여 기뻐하고 또 인간도 이 때문에 복을 받게 될 것이다. 너희들은 마땅히 욕심을 눌러서 자기를 이기지 아니하면 아니 된다.

몸을 단정히 하고, 뜻을 단정히 하고 말을 단정히 하여라. 성내는 마음을 버리고, 탐심을 버리고, 항상 죽음에 대하여 마음으로 생각하여 보라. 만일 마음이 삿된 일을 하고자 하거든, 결코 눌러서 하지 못하게 하고, 마음이 음욕을 따라 가고자 할 때에도 그것에 맡겨 두어서는 아니 된다. 호화로운 것을 부러워할지라도 또한 들어 주어서는 아니 된다.

모든 사람에게는 본심과 망심의 두 가지가 있는 것이다. 항상 참된 마음인 본심을 지켜 망심을 따라가서는 아니 되는 것이다. 인간은 마음이 첫째다. 마음은 하늘도 되고 인간도 되며, 나쁜 냄새(악취 惡趣)도 되고 또는 성위(聖位)도 열어 준다. 형상과 마음은 둘이 아니다. 형상은 마음이 지은 바요, 마음은 모든 법을 만드는 것이다. 마음은 알음알이[識]를 지어내고, 알음알이는 감정(感情)을 지어 내고, 감정은 다시 마음으로 돌아간다. 마음은 실로 일체를 지배하는 자이다. 마음은 뜻을 내어 행(行)을 일으키고, 행은 생명인 목숨이 되는 것이다. 실답고 어리석음은 진실로 행에 있는 것으로서, 목숨의 긴 것과 짧은 것은 명(命)의 행에 있는 것이다. 따라서 뜻과 행과 명, 이 세 가지는 붙어 다니는 것이다. 그래서 그 짓는 바의 좋은 것과 나쁜 것은 자신이 이끌어 받지 아니하면 아니 되는 것이다. 아버지가 악행을 하였다고 하여 그 자식이 대신 받지는 못하는 것이요, 자식이 악행을 지었더라도 그 아비가 대신 받지 못하는 것이다. 선행을 하면 자연히 복을 받고 악행을 하면 스스로 앙화를 받는 것이니, 이제 부처가 하늘 위와 하늘 아래에 공경을 받는 이유도 다 마음이 들어서 만들어 낸 것이다.

너희들은 마땅히 마음을 바로 가져 오직 도를 닦는 것만이 세상에 있어서 편안함을 얻는 일임을 명심하라. 이리하여 나의 청정한 깨우침이 오래 세상에 있어서 인간을 구제하고 모든 하늘 사람을 인도하여 일체 중생을 쉬게 하는 것이다. 제자들이여, 그 이러한 깨우침이란 과연 무엇을 말하는 것인가? 자세히 말하리라.

제자들이여, 자신의 몸이 가난한 것을 괴로워하여 탐욕을 일으켜서는 아니 된다. 복락을 받을지라도 곧 고통이 생기는 것을 생각하여 즐거움에 빠져서는 아니 된다. 마음이 무상하여 변천한 것임을 생각하여 집착하여서는 아니 된다.

이것이 곧 4염처(四念處)이다.

제자들이여, 아직 일어나지 아니한 악행은 미연에 방지고, 이미 일어난 악행은 끊어야 한다. 그리고 이미 일으킨 선행은 힘써 키워야 하고, 아직 일으키지 아니한 선행은 힘써 일으키도록 해야 한다.

이것이 곧 4정근(四正勤)이다.

제자들이여, 항상 선행을 생각하여 이것을 하고자 하여 흔들리지 말고, 항상 생각을 모아 마음을 어지럽게 하지 말라.

이것이 4신족(四神足)이다.

제자들이여, 진리를 믿고 진리를 닦고 진리를 생각하고 마음을 진리에 정하여 밝게 사성제(四聖諦)의 지혜를 닦아라. 이리하여 선행의 뿌리를 기르는 것이 좋다.

이것이 5근(五根)이다.

굳게 진리를 믿어서 의심을 끊고, 괴로움을 막고, 부지런히 진리에 정진하여 게으름을 제하고 오로지 진리를 생각하여 삿된 마음을 깨뜨리고, 올바르게 마음을 정하여 어지러운 생각을 물리치고, 밝게 4성제를 연구하여 헛된 견해를 버리라. 이리하여, 선행을 닦는 힘을 얻는 것이 좋다.

이것이 5력(五力)이다.

제자들이여, 정법(正法)을 잊어서는 아니 된다. 모든 법을 보고 그의 참됨과 거짓을 가리고, 항상 정진하고 항상 기뻐하고, 거짓을 제하여 마음을 가볍게 쉬고, 마음을 선정(禪定)에 머무르게 하여 망견(妄見)이 나지 않게 하고, 진실하지 못한 모든 경계를 버리고 떴다 잠겼다 하는 두 끝을 피하지 않으면 아니 된다. 이것이 진실로 4성제(4聖諦)에 들어가는 도이다.

이것을 7각분(七覺分)이라고 한다.

제자들이여 바르게 보고, 바르게 생각하고, 바르게 말하고, 바르게 행하고, 바르게 생활하고, 바르게 정진하고, 바르게 진리를 생각하고, 바르게 마음을 정하는 것이 좋다.

이것을 8정도라 한다.

너희들은 즐겁게 화목하여 서로 거슬러서는 아니 된다. 모두 다 같이 서로 가르치고 착한 일을 생각하고 계율을 지키고 예절을 실행하고 부모와 어른을 공경하고 친척과 화목하여 각각 서로 순종하지 아니하면 아니 된다.

부처의 가르침은 확실하다. 진리(37조도품)를 생각하고 실천하며 열심히 노력하라는 것이다. 이것을 방편을 통해 가르치고 있다. 반면에 이러한 수행을 방해하는 것이 분별이다. 그래서 부처의 또 다른 가르침은 앞뒤가 뒤바뀐 생각을 하지 말라는 것이다. 분별과 방편을 정확히 구분해야 하는 것이다. 방편을 분별로 착각하면 번뇌의 늪에 빠지게 되는 것이다. 그래서 방편은 방편일 뿐 그것이 실상은 아님을 알아야 되는 것이다. 방편과 실상이 뒤바뀌면 번뇌가 생기게 되는 것이다.

세상에 널리 퍼져 있는 희론(戱論) 즉 우리에게 아무 이익이 되지 않는, 손가락으로 달을 가리켰는데 달에는 관심이 없고 손가락은 어찌 생겼느니 크니 작으니 하는 뒤바뀐 생각에 몰두하는 것이 희론이다. 이러한 희론을 철저히 배척해야 한다. 그래서 방편과 실상을 제자리에 잡아야 한다.

1-2. 불방일(不放逸): 부지런함

불교에서 추구하는 진정한 깨우침을 얻기 위해서는 무엇이 필요한 것일까?

어떤 목표가 정해지면 우선 방향이 정확한지를 확인해야 하고 다음은 계속 전진하는 노력이 필요하고 더불어 중간의 방해물을 없애야 올바른 목적지에 도달할 수 있는 것이다. 아무리 노력해도 방향이 틀리면 허사가 되는 것이고 방향이 맞아도 가는 노력이 없으면 목적지에 도달하기 힘들고 장애를 제거하지 못하면 힘만 쓰게 된다.

즉 방향 — 지혜,

　전진하는 노력 — 불방일(不放逸 부지런함),

　장애 제거 — 계율 지킴이 된다.

이 중에서도 불방일을 부처님께서는 상당히 중요시 하셨다. 불방일이란 몸과 마음을 바로잡고 부지런히 노력하는 것이다.

증지부경(增支部經): 불방일경

여러 비구들이여, 모든 중생이 발이 없건, 두 발이건, 네 발이건, 여러 발이건, 물질을 가졌건, 물질을 가지지 않았건, 인식이 있건, 인식이 없건, 인식이 있는 것도 아니고 없는 것도 아니건, 그 모든 중생들에 관한 한, 여래가 그들 가운데서 으뜸이라고 불린다. 비구들이여, 그와 같이 유익한 법들은 그것이 어떤 것이든 간에 모두 불방일을 뿌리로 하고 불방일로 모이고 불방일이 으뜸이라고 불린다."

비구들이여, 예를 들어보면 지상에 걸어 다니는 모든 생명체들의 발자국들은 그것이 어떤 것이든 간에 모두 코끼리 발자국에 포함되나니, 코끼리 발자국의 치수가 가장 크기 때문에 으뜸이라고 불리는 것과 같다. 그와 같이 유익한 법들은 그것이 무엇이든 간에 모두 불방일을 뿌리로 하고 불방일로 모이고 불방일이 으뜸이라고 불린다.

비구들이여, 예를 다시 들어보면 뾰족 지붕이 있는 집의 서까래들은 모두 꼭대기로 이르고 꼭대기로 향하고 꼭대기로 모이나니, 꼭대기가 그들 가운데 으뜸이라 불리는 것과 같다. 그와 같이 유익한 법들은 그것이 무엇이든 간에 모두 불방일을 뿌리로 하고 불방일로 모이고 불방일이 으뜸이라고 불린다.

비구들이여, 다른 예를 들어보면 뿌리의 향기 가운데 안식향이 으뜸이듯이, 유익한 법들은 그것이 무엇이든 간에 모두 불방일을 뿌리로 하고 불방일로 모이고 불방일이 으뜸이라고 불린다.

비구들이여, 또한 예를 들면 심재의 향기 가운데 붉은 전단향이 으뜸이듯이 유익한 법들은 그것이 무엇이든 간에 모두 불방일을 뿌리로 하고 불방일로 모이고 불방일이 으뜸이라고 불린다.

비구들이여, 예를 들면 꽃향기 가운데 재스민 꽃이 으뜸이듯이, 유익한 법들은 그것이 무엇이든 간에 모두 불방일을 뿌리로 하고 불방일로 모이고 불방일이 으뜸이라고 불린다.

비구들이여, 예를 들면 어떤 작은 왕이든지 그들은 모두 전륜성왕에 복속되나니, 전륜성왕이 그들 가운데 으뜸이라 불리는 것과 같다. 그와 같이 유익한 법들은 그것이 무엇이든 간에 모두 불방일을 뿌리로 하고 불방일로 모이고 불방일이 으뜸이라고 불린다.

비구들이여, 예를 들면 어떤 별빛이든지 그것은 모두 달빛의 16분의 1에도 미치지 못하나니, 달빛은 그들 가운데 으뜸이라 불리는 것과 같다. 그와 같이 유익한 법들은 그것이 무엇이든 간에 모두 불방일을 뿌리로 하고 불방일로 모이고 불방일이 으뜸이라고 불린다.

비구들이여, 예를 들면 가을의 구름 한 점 없는 높은 창공에 떠오르는 태양은 허공의 모든 어둠을 흩어버리면서 빛나고 반짝이고 광휘롭듯이, 유익한 법들은 그것이 무엇이든 간에 모두 불방일을 뿌리로 하고 불방일로 모이고 불방일이 으뜸이라고 불린다.

비구들이여, 예를 들면 모든 우리가 알고 있는 강가 등과 같은 큰 강들이 모두 바다로 향하고 바다로 기울어지고 바다

로 경사지어 흘러들어가나니, 큰 바다는 그들 가운데 으뜸
인 것과 같다. 그와 같이 유익한 법들은 그것이 무엇이든
간에 불방일을 뿌리로 하고 불방일로 모이고 불방일이 으뜸
이라고 불린다.

불경

부처님께서 설법을 하실 때 조는 비구가 있었다.

이에 부처님께서는 그냥 지나치셨는데 다른 제자가 부처님께
조는 비구를 왜 꾸짖지 않느냐고 물으니 부처님은 썩은 나
무에는 조각을 해보아야 소용이 없다고 말씀하시며 불법 이
전에 마음을 챙기는 것이 중요하다고 말씀하셨다.

잡아함경 46권 1239경 불방일경(不放逸經)

부처님이 한 기원정사에 계실 때의 일이다.

어느 날 나라의 왕이 부처님을 찾아와 물었다.

"사람은 누구나 소원이 있고 그것을 성취하고자 합니다. 어
떻게 해야 현세의 소원을 성취하고 후세의 소원을 성취할
수 있겠나이까?"

이에 대한 부처님의 대답은 이러했다.

"그것은 오직 한 가지이니 바로 게으르지 않는 것이지요.
어느 누구나 방일하지 않고 부지런하면 현세의 소원을 성취
하고 후세의 소원을 성취하게 될 것입니다.

비유하여 말하자면 씨앗을 뿌리거나, 물이 흐르거나, 사자가 집을 짓거나 이 세상의 모든 사물이 다 대지를 바탕으로 하고 있듯이 현세의 소원과 후세의 소원을 성취하는 것도 불방일(不放逸)의 대지를 바탕으로 하고 있기 때문입니다.

그러므로 대왕이여. 모든 소원을 성취하고자 한다면 방일에 의지하지 말고 불방일에 의지해야 합니다.

만약 대왕이 먼저 불방일에 의지하면 대왕의 부인이 그것을 따를 것입니다. 부인이 그러하면 대신과 장군과 태자가 불방일에 의지할 것입니다. 또한 온 나라 백성도 대왕과 공경 대신을 따라 방일하지 않고 불방일에 의지할 것입니다.

대왕께서 불방일에 의지한다면 스스로를 지킬 수 있을 것이며 부인과 자녀도 지킬 수 있을 것입니다. 또한 창고의 재물도 더욱 늘어나 풍족해질 수 있을 것입니다.

그러므로 부지런한 것을 칭찬하고 부지런하지 않을 것을 비난해야 합니다."

법구경

방일한 사람과 어리석은 사람은
스스로 게으름에 빠져 있지만
현명한 사람은 불방일을
귀중한 보물로 여긴다.
그러므로 방일에 빠져서는 안 되며

감각적 쾌락에 빠져서도 안 된다

　불방일을 굳게 지니는 사람은

삼매와 지혜를 닦아 최상의 행복을 얻는다.

　부처의 가르침은 보다 나은 삶을 추구하라는 것이다. 그러기 위해서는 부지런(불방일)해야 한다. 어제보다 오늘이 더 나아지고 오늘보다 내일이 더 나아져야 인생 자체가 점점 더 앞으로 나아가게 되는 것이다.

제 2 장

<u>가르침의 요체</u>

모든 것이 고(苦)이다(一切皆苦).
이것을 확실히 알아야
이것[苦]에서 벗어날 수 있는 것이다.

2-1. 사성제(四聖諦)

부처께서 정각(正覺)을 이루신 후 가르침을 전파하기 위하여 마을로 내려와서 처음 설법을 하셨는데 그 대상은 과거에 자신을 따르던 4명이었다. 그 때 즉 깨우침 이후의 최초 설법이 바로 사성제였다. 설법을 들은 4명의 제자들은 열심히 노력하였고 그들 제자 중에 교진여라는 사람이 처음으로 사성제를 깨우쳤다. 그러자 부처께서는 "교진여 네가 깨우쳤구나!, 교진여 네가 사성제를 깨우쳤구나!" 하시며 기뻐하셨다고 한다.

도대체 사성제가 무엇이기 때문에 부처가 그토록 기뻐하였을까? 사실 사성제는 간단하다. 그것은 4가지 진리이다.

고제(苦諦): 세상은 모든 것이 고통이다.

집제(集諦): 고통의 원인은 욕망과 무명(無明)이다.

멸제(滅諦): 욕망과 무명을 없애야 한다.

도제(道諦): 이것을 없애는 길은 8정도(八正道)이다.

아니! 이정도의 이야기는 누구나(?) 할 수 있는 이야기가 아닌가? 어찌 보면 너무나 당연하고 평범한 이야기를 굳이 성스러운 이라는 표현까지 써가며 극찬을 한 것일까? 나도 이러한 감정이 불경을 처음 접하던 시절에 들었던 생각이었다. 사실 위의 이야기를 불법을 입문하는 사람에 들려주어도 거의 같은 생각이었을 것이다.

세상에는 좋은 명귀들이 너무나 많이 있다. 그런데 하필 부처께서는 세상 모든 것이 고통이라는 너무도 당연한 말(?), 아니 차라리 부정적이고 비(非)희망적인 이런 말을 왜 성스러운 진리라고까지 이야기한 것일까?

그런데 부처는 이 사성제를 굉장히 중요시 했고, 불경의 비유를 들어 이야기하면 사성제는 마치 코끼리발자국 같은 것으로 다른 작은 동물의 발자국은 다 그 안에 포함되는 것과 같이 모든 불법은 사성제 안에 포함된다고까지 표현하셨다.

코끼리 발자국 비유경(중아함경)

"제자들이여, 세상 모든 움직이는 동물들의 발자국들이 전부 코끼리의 발자국에 들어갈 수 있고 코끼리의 발자국이야말로 가장 큰 크기인 것이다. 이와 같이 어떠한 가르침이든 그것들은 모두 네 가지 성스러운 진리에 포섭된다. 네 가지란 무엇인가?

그것은 바로 사성제로 괴로움의 성스러운 진리, 괴로움의 원인에 대한 성스러운 진리, 괴로움의 소멸에 대한 성스러운 진리, 괴로움의 소멸에 이르는 수행이라는 성스러운 진리인 것이다."

그럼 부처는 사성제를 왜 이리 중요시 했을까?

우선 부처가 출가한 이유를 생각해 보면 어느 정도 이해가 간다. 그 가장 큰 이유가 생로병사(生老病死)의 고통에서 벗어나는 것이기 때문이다. 그래서 불교는 처음부터 끝까지 인생을 사는데 있어서의 고통에서 벗어나기 위한 가르침을 이야기 한다. 사실 부처는 왕자로 태어났기 때문에 인생에서의 고통스러운 측면이 거의 없었다. 자신이 마음먹으면 거의 모든 일을 할 수 있었다. 그러나 장성해서 성 밖을 자신의 수행자와 다니면서 인간은 결코 자신과 같이 걱정 없고 끊임없이 행복하지만은 않다는 것을 느꼈다.

즉 부처는 그 때 이미 사성제의 처음인 일체개고(一切皆苦)를 느꼈다. 그 후 출가하여 찾아다닌 것이 바로 이 일체개고에서 벗어나는 길이었던 것이고 그것이 나머지인 집멸도(集滅道)의 도리인 것이다.

중경찬잡비유경 2 : 안수정등도(岸樹井藤圖)

부처께서 말씀하셨다.

"모든 일체 중생은 세상의 쾌락에 탐착하여 덧없음을 생각하지 않고 큰 우환을 괴로이 여기지 않는다. 비유하면, 옛날의 어떤 사람과 같다. 그는 어떤 일을 저질러 죽게 되었는데, 감옥에 갇혀 있다가 죽음이 두려워 달아났다.

그가 사는 나라의 법에, 만일 사형을 받은 어떤 죄수가 탈옥을 하면 미친 코끼리를 풀어놓아 밟아 죽이게 하였다. 그래서 병사들은 가두어 놓은 미친 코끼리를 풀어서 그 죄수를 쫓게 하였다.

죄수는 코끼리가 오는 것을 보고 당황한 나머지 숨을 곳을 찾다가 마침 우물을 발견하고 얼른 빈 우물 속으로 달려 들어갔다. 그런데 그 밑에는 무서운 독룡(毒龍) 한 마리가 살고 있었다. 독룡은 위를 향해 입을 벌리기 시작했다. 또한 우물 네 귀퉁이에는 독사 네 마리가 각기 있는데, 거기에는 풀뿌리가 하나 있었다. 그 죄수는 오로지 두려운 마음으로 급히 그 풀뿌리를 붙잡았다. 그런데 흰 쥐와 검은 쥐 두 마리가 그 풀뿌리를 갉아먹고 있었다.

반면에 그 우물 위에는 큰 나무가 있었고 그 나무에는 꿀이 있어서, 하루에 한 방울씩 그 사람 입 안에 떨어졌다. 꿀맛에 취한 그 사람은 오직 달콤한 맛에 정신이 나가 그것만 생각하고 위험한 상황을 잊어버리고 우물에서 나오려고 하지 않았다.

이것은 일체개고라는 불교의 진리를 우화한 것으로서 감옥은 삼계요, 죄수는 중생이며, 미친 코끼리는 덧없음이요, 우물은 중생의 집이며, 밑의 독룡은 지옥이요, 네 마리 독사는 네 가지 요소[四大]이며, 풀뿌리는 사람의 목숨뿌리요, 흰 쥐와 검은 쥐는 세월인 것이다.

세월이 사람의 목숨을 갉아먹으므로, 목숨은 날마다 줄어들어 잠깐도 머무르지 않는다. 그러나 중생들은 세상 쾌락에 탐착하여 그것이 큰 우환임을 생각하지 않는다.

그러므로 수행하는 사람은 항상 덧없음을 관(觀)하여 갖가지
괴로움에서 떠나야 한다."

이 이야기는 에스키모인들이 늑대를 잡는 방법을 생각나게 한
다. 에스키모인들은 칼을 거꾸로 땅에 꼽고 칼날에다 짐승의 피
를 묻혀 놓는다. 피냄새를 맡은 늑대는 칼날에 묻은 피를 먹으
면서 칼날에 베어 피를 흘리게 된다. 자기가 흘린 피 역시 계속
먹다가 나중에는 출혈과다로 죽게 된다는 것이다. 이 얼마나 어
리석은 행동인가! 그러나 인간 역시 달콤함에 이성을 잃고 행동
하는 경우를 많이 볼 수 있게 된다.

그러면 세상은 왜 '모든 것이 고(苦)'인 것인가? 그것은 불교
의 또 다른 진리인 제행무상(諸行無常 모든 것이 덧없다)에 기
인 된 것이다. 영원한 행복도 영원한 안식도 없는 현세는 결국
고통스러운 것이며 이것을 확실히 깨달아야 그 고통에서 벗어날
수 있는 것이다.

모든 것이 무상(無常)하다.

보이는 모든 것은 결국 무너지고 파괴되는 것이다. 항상 매일
불행할 수도 없지만 또한 한없이 행복할 수도 없는 노릇이다.
젊음이란 언젠가는 사라져버리는 것이다.

내가 지금 존재한다는 것은 태어났기 때문이고 태어난 이상
생(生)한 것은 멸(滅)하기 때문에 고통스러운 것이다. 이것이

일체개고의 의미이다.

열반경

부처께서 말씀하셨다.

"가섭이여, 옛날에 한 여인이 있었는데 그 여인이 그 마을의 어떤 부자 집에 들어갔었다. 그런데 그 여자의 몸매가 단정하고 용모가 아름답고 좋은 인상으로 인해 몸이 장엄하였으므로 주인이 보고 묻기를 '그대의 이름은 무엇이며 누구에게 소속되었는가?' 하였다.

여인이 대답하되, '나는 공덕천이라고 하고 누구에도 소속되어있지 아니합니다.' 하였다. 주인은 다시 묻기를 '그대는 가는 곳마다 무슨 일을 하는가?'라고 하였다. 공덕천이 대답하되 '나는 가는 곳마다 가지각색 금 은 폐유리 파리 진주 산호 호박 자거 마노 코끼리 말 수레 노비 하인들을 줍니다.'라고 하였다. 주인이 듣고 기쁜 마음으로 즐거워 뛰놀면서, '나는 복덕이 있어서 그대가 나의 집에 온 것이다.' 하면서, 향을 사르고 꽃을 공중에 날리어 공양하고 공경하며 예배하였다.

그런데 또 문밖에 다른 한 여인이 있었다. 그 여인의 형상은 누추하고 의복이 남루하였으며 몹시 더럽고 때가 많이 있고 피부가 쭈그러지고 살빛이 부옇게 되었다. 주인이 그 여인을 보고, 묻기를 '그대의 이름은 무엇이며 누구에게 소속되

55

었는가?' 하였다.

여인이 대답하되 '나의 이름은 흑암천입니다' 하였다. '왜 흑암천이라고 이름 지었느냐?'라고 물었다. 여인이 대답하되 '나는 간 데마다 그 집 재물을 소모하게 합니다.' 하였다. 주인이 그 말을 듣고는 몹시 놀라며 칼을 들고 말하기를 '그대가 빨리 가지 아니하면 목숨을 끊으리라' 하자 여인이 대답하되 '그대는 왜 그렇게 어리석고 지혜가 없습니까?' 하였다. 주인이 묻기를 '어째서 나를 어리석고 지혜가 없다고 하는가?' 하였다.

얼굴이 지저분한 그 여인이 대답하되 '그대의 집에 들어간 이는 나의 언니요, 나는 언제나 언니와 거취를 같이하는 사람이니, 그대가 나를 쫓아내려거든 나의 언니도 쫓아내야 합니다.' 하였다.

이에 깜짝 놀란 주인은 안으로 급히 들어가서 공덕천에게 물었다. '밖에 어떤 여인이 와서 말하기를 그대의 동생이라 하는데 그것이 사실인가?' 공덕천이 대답하기를, '그는 분명히 나의 동생입니다. 나는 항상 동생과 행동을 같이하였고, 한 번도 떠난 적이 없으며, 가는 곳마다 나는 좋은 일을 하고 동생은 나쁜 짓을 하였으며, 나는 이로운 일을 하고 동생은 손해나는 일을 하였습니다. 만일 나를 사랑하거든 그도 사랑하여야 하고, 나를 공경하려면 그도 공경하여야 합니다.'고 하였다.

그 말을 들은 주인은 공덕천에게 이렇게 말하였다. '만일 그렇게 좋은 일도 나쁜 짓도 한다면 나는 모두를 받아들일 수 없으니, 그대들 마음대로 떠나가시오.' 이에 두 여인이 서로 팔을 끌고 살던 데로 돌아가고, 주인은 그들이 가는 것을 보고 마음이 환희하여 한량없이 뛰놀았다.

그리하고 나서 두 여인은 손에 손을 잡고 가난한 집에 이르렀다. 가난한 사람이 보고는 기쁜 마음으로 '지금부터 그대들은 나의 집에 항상 있으라.'고 청하였다. 공덕천이 말하되, '우리들은 어떤 사람에게 쫓겨 왔는데, 그대는 어찌하여 우리더러 있으라고 청합니까?'하자, 가난한 사람이 말하기를 '그대가 지금 나를 생각하기에 내가 그대를 위하여서 저 사람을 공경하며, 그래서 둘 다 나의 집에 있으라고 청하는 것이오.' 하였다.

가섭이여, 보살마하살도 그와 같아서 천상에 태어나기를 원하지 아니하나니, 왜냐하면 나면 반드시 늙고 병들고 죽음이 있는 까닭으로 모두 버리고 조금도 받을 마음이 없거니와, 범부나 어리석은 사람은 늙고 병나고 죽음의 걱정을 알지 못하는 연고로 나고 죽는 두 가지 법을 받으려고 탐하느니라."

이렇듯 인생에 있어서 행복에는 불행, 기쁨에는 슬픔, 환희에는 고통이 수반되는 것이다. 이래서 일체개고라고 하였다. 이 모든 것을 바르게 보고 바로 생각하여야 그 고통에서 탈출할 수 있는 것이다.

이 명제 즉 제행무상(諸行無常)이 불교의 진리를 아는 시발점이다. 이 진리를 확실히 이해하지 못하면 불교에 대해 알 수가 없다. 세상은 덧없고 영원함이 없으니까 결국은 고통스러운 것이다. 즉 모든 것이 다 고통이다(일체개고 一切皆苦).

그런데 세상이 고통스럽다는 논제가 너무 비관적이라고 생각하면 안 된다. 이것은 현실을 인정하고 그곳에서 희망을 피우라는 것이다. 사람들이 '인생은 아름다워라.' 또는 '희망이 있는 세상은 살맛난다.'라는 것은 다 이면에 세상은 고통스럽다는 원제를 깔고 있는 것이다. 단순한 감정적 느낌으로 세상을 보지 말고 현실을 직시하라. 고요히 조용한 곳에 홀로 앉아 생각에 잠기면 일체개고의 정확한 의미를 이해할 것이다.

적을 알아야 전쟁에서 승리를 할 수 있듯이 고통의 본질을 알아야 고통에서 벗어나는 길을 찾을 수 있는 것이다. 이것이 사성제의 첫 번째 진리인 고제(苦諦)이다. 문제가 생겼을 때 그것을 해결하는 방법은 제일 먼저 그 문제에 대한 정확한 현황을 파악하는 것이다. 문제에 대한 정확한 정보가 그 문제를 절반은 해결할 수 있게 하는 것이다. 세상을 살아가는 것도 마찬가지이다. 산다는 것에 대한 현실의 정확한 문제를 알아야 그 문제를 풀 수 있게 된다.

세상은 고통스러운 것이다(일체개고)

그러면 세상은 왜 고통스러운 것인가?

왜 늙고 병들고 괴로워하고 고통 속에 죽어가야 하는가?

그 대답은 의외로 간단하다. 그것은 이 세상에 태어났기 때문에 괴로운 것이다. 그럼 세상에 태어난 이유는? 바로 욕망 때문이다.

아함경

"이것이 있으므로

저것이 있고

이것이 일어나므로

저것이 일어난다."

행복이 있으므로 불행이 있고

욕망이 있으므로 자신에 대한 집착이 있는 것이다.

모든 것이 독립적이지 않고 서로서로 얽히고설키어 애욕과 집착의 끈으로 이어진 것이다.

이것이 두 번째 진리인 집제(集諦)인 것이다. 즉 고통의 원인에 대하여 이야기한 것이다.

잡아함경 17:15 箭經

"제자들이여 이제껏 나의(부처님) 가르침을 듣지 않은 사람도 (세상을 살면서) 즐거운 느낌[樂受]을 받기도 하고 괴로움의 느낌[苦受]을 받기도 하며, 또한 즐겁지도 괴롭지도 않은 느낌[非苦非樂受]을 받기도 한다. 또한 이미 나의 가르침을 들은 제자들도 역시 즐거운 느낌을 받기도 하며 괴로움의 느낌과 즐겁지도 괴롭지도 않은 느낌을 받는다. 그러면 나의(부처님) 가르침을 듣지 못한 사람은 이미 가르침을 받은 사람과 대체 무엇이 다르겠느냐?"

"스승이시여 저희들이 가르침을 받는 법은 세존을 근본으로 삼고 세존의 안목으로 바라보고 있습니다. 바라건대 그것을 저희들에게 말씀하여 주십시오."

"제자들이여 내가 알려주리다. 아직 가르침을 받지 않은 사람은 괴로운 느낌을 받으면 비탄에 잠기면서 매우 혼미하게 된다. 그것은 마치 누구에게로부터 첫 번째 화살을 맞고 난 뒤에 다시 두 번째 화살을 맞는 것과 같다.

그와는 반대로 나에게로부터 이미 가르침을 받은 사람은 괴로운 느낌을 받아도 쓸데없이 비탄에 잠겨 혼미하게 되지 않는다. 그것을 나는 두 번째 화살을 맞지 않는다고 말한 것이다."

인간이란 근본적으로 자기에게 이익이 되는 행위를 하게 되어 있다. 착한일(선행)도 일종의 자기 마음의 평화를 위한 이익이 되는 행위인 것이다.

즉 모든 행위는 자기 수준에서 파악된 이익을 좇아 행해지게 되어 있는 것이다. 그러니 어떠한 누구도 누군가의 행위에 대하여 비난할 수 없는 법이다. 이러한 행위란 그 근본이 바로 욕망에 있는 것이다. 탐(貪 탐욕)진(瞋 성냄)치(癡 어리석음), 거짓말, 살생, 성욕 등 이 모든 것이 욕망으로 인한 것이며 이 욕망은 무명(無明)에 기인되고 그래서 그것이 바로 고통의 원인인 것이다. 이것이 바로 사성제에서 말하는 두 번째 진리인 집성제이다.

(대)열반경

모든 제자들이여 일체 번뇌의 근본은 무명(無明)이다. 그러므로 나는 무명을 탐진치(貪瞋癡)의 인(因)이라고 한다. 지혜 있는 자는 삼계의 모든 고(苦)는 다 번뇌의 업(業)에서 나온 줄로 알고 있다. 중생의 몸이 무너지기 쉬운 것은 흙으로 만든 토기가 깨어지기 쉬운 것과 같아서 이미 몸을 받으면 이것은 뭇 고통을 담은 그릇이다. 그릇이 고(苦)이기 때문에 남겨지는 법도 또한 고(苦)인 것이다.

제자들이여 세상에는 믿을 만한 것이 없다. 해탈의 세계도 아니요 적정한 곳도 아니요 또 사랑할만한 피안(彼岸)의 곳도 아니다. 또 상주(常住) 묘락(妙樂) 자재(自在) 청정(淸淨)의 법도 아니다. 만일 아무것도 아닌 이 육신을 탐한다면 어떻게 고(苦)를 여월 것인가? 지혜 있는 자는 잘 이것을 관찰하여 죽지 않으면 아니 될 일을 미리 헤아리고 있

다. 목숨은 항상 무수히 많은 적(敵)에게 포위되어 있는 것
이다. 수명은 매 생각마다 감소(減少)해 갈지언정 조금도
더 늘어날 리는 없는 것이다. 마치

산에서 흐르는 물이 머무르지 않고 흘러가듯이

아침 이슬이 이내 녹듯이

사형(死刑)을 받을 죄수가 매 걸음걸이를 사형장으로 나아
가듯이

마치 소가 도살장으로 끌려가는 거와 같이

무상하고 허망한 것이다.

지혜 있는 자가 만일 항상 즐겁게 이 진리를 닦아 성내지 않
고 질투하지 않으며 교만심도 없이 삼매에 들어 자재(自在)
하게 있다면 이것은 청정 해탈의 지자(智者)로서 저쪽 언덕
에 이른 자요 여래의 비밀을 잘 깨달은 자다. 이 사람은 능
히 삼계를 꾸짖고 삼계를 여의어 이를 없애는 사람이다.

아!!! 불교가 추구하는 이상의 세계 피안의 세계(해탈)까지도
믿을 수가 없다고 하니……. 이것도 다 욕망이기 때문이다.

따라서 고통에서 벗어나는 방법은 이러한 욕망을 없애는 것이
고 이것이 바로 세 번째 진리인 멸제(滅諦)인 것이다.

잡아함경 17권 470. 전경(箭經) 두 번째 화살을 맞지 말라

이와 같이 나는 들었다.

어느 때 부처님께서 왕사성 사원에 계셨다.

그때 세존께서 모든 제자들에게 말씀하셨다.

"어리석고 무식한 중생들은 괴롭다는 느낌[苦受]·즐겁다는 느낌[樂受] 괴롭지도 않고 즐겁지도 않다는 느낌[不苦不樂受]을 낸다. 많이 들어 아는 거룩한 제자들도 또한 괴롭다는 느낌 즐겁다는 느낌 괴롭지도 않고 즐겁지도 않다는 느낌을 낸다.

모든 제자들아, 중생과 성인은 어떤 차별이 있는가?"

제자들이 부처님께 아뢰었다.

"세존께서는 법의 근본이시고 법의 눈이시며 법의 의지처이십니다. 훌륭하십니다. 세존이시여, 오직 원하옵건대 자세히 설명하여 주소서. 모든 제자들은 그 법을 들은 뒤에 틀림없이 받아들여 받들어 행할 것입니다."

부처님께서 모든 제자들에게 말씀하셨다.

"어리석고 무식한 중생들은 몸의 접촉으로 여러 느낌이 생겨 고통이 들이닥치고 목숨을 잃을 지경이 되면, 우수에 잠겨 눈물을 흘리고 원망하며 울부짖느니라."

부처님께서 모든 제자들에게 다시 말씀하셨다.

"자세히 듣고 잘 생각해 보아라. 너희들을 위해 상세히 설명해 주리라.

모든 제자들아, 어리석고 무식한 중생들은 몸의 접촉으로 여러 가지 느낌이 생겨 온갖 고통이 증가하고 목숨을 잃을 지경이 되면, 우수에 잠겨 원망하고 울부짖으며 마음이 미친 듯 혼란스러워진다. 그 때 두 가지 느낌을 더하고 자라나게 하나니, 몸의 느낌[身受]이거나 혹은 마음의 느낌[心受]이니라.

비유하면 누군가가 몸에 두 개의 독화살을 맞고 아주 고통스러워하는 것과 같으니라.

어리석고 무식한 중생도 또한 그와 같아서 몸의 느낌과 마음의 느낌, 이 두 가지 느낌을 더하고 자라게 하여 아주 고통스러워한다.

왜 그런가하면 저 어리석고 무식한 중생은 분명하게 알지 못하기 때문에 모든 오욕(五欲)에 대하여 즐겁다는 느낌과의 접촉[樂受觸]을 일으키고, 오욕의 즐거움을 누리며, 오욕의 즐거움을 누리기 때문에 탐욕이라는 번뇌의 부림을 당하게 된다.

괴롭다는 느낌과 접촉하기 때문에 곧 성내게 되고, 성내기 때문에 성냄이라는 번뇌의 부림을 당한다.

이 두 가지 느낌에 대하여 그것의 발생 그것의 소멸 그것에 맛들임 그것의 재앙 그것에서 벗어남을 사실 그대로 알지 못하고, 사실 그대로 알지 못하기 때문에 괴롭지도 않고 즐겁지도 않은 느낌[不苦不樂受]이 생겨 어리석음이란 번뇌의 부림을 당한다.

그리하여 즐겁다는 느낌에 얽매여 끝내 벗어나지 못하고, 괴롭다는 느낌에 얽매여 끝내 벗어나지 못하며, 괴롭지도 않고 즐겁지도 않다는 느낌에 묶여 끝내 벗어나지 못한다.

무엇에 묶이는 것인가? 이른바 탐욕, 성냄, 그리고 어리석음에 묶이게 되고 태어남, 늙음, 병듦, 죽음과 근심, 슬픔, 번민, 그리고 괴로움에 묶이게 되는 것이니라.

많이 들어 아는 거룩한 제자는 몸의 접촉으로 괴로운 느낌이 생겨 큰 고통이 들이닥치고 목숨을 잃을 지경이 되더라도 근심과 슬픔으로 원망하거나 울부짖거나 마음이 혼란스러워져 발광하지 않는다.

그런 때를 당해서는 오직 한 가지 느낌만 일으키나니, 이른바 몸의 느낌[身受]만 일으키고 마음의 느낌[心受]은 일으키지 않느니라.

비유하면 누군가가 하나의 독화살만 맞고 두 번째 독화살은 맞지 않는 것처럼, 그런 때를 당해 오직 한 가지 느낌만 일으키나니, 이른바 몸의 느낌만 일으키고 마음의 느낌은 일으키지 않느니라.

즐겁다는 느낌과 접촉하더라도 탐욕의 즐거움에 물들지 않고, 탐욕의 즐거움에 물들지 않기 때문에 그 즐겁다는 느낌에 대해서 탐욕의 번뇌에 부림을 당하지 않는다.

괴로움과 접촉한 느낌에 대하여도 성내지 않고, 성내지 않기 때문에 성냄이라는 번뇌에 부림을 당하지 않는다.

그 두 가지 번뇌의 발생 소멸 맛들임 재앙 벗어남을 사실 그

대로 알고, 사실 그대로 알기 때문에 괴롭지도 않고 즐겁지
도 않은 느낌에서 어리석음이란 번뇌에 부림을 당하지 않느
니라.

그리하여 즐겁다는 느낌에서 해탈하여 묶이지 않고, 괴롭다
는 느낌과 괴롭지도 않고 즐겁지도 않다는 느낌에서 해탈하
여 묶이지 않는다.

무엇에 묶이지 않는가? 이른바 탐욕, 성냄, 어리석음에 묶이
지 않고, 태어남, 늙음, 병듦, 죽음과 근심, 슬픔, 번민,
괴로움에 묶이지 않느니라."

그 때 세존께서 곧 게송으로 말씀하셨다.

　많이 들어 아는 이라 하여서 괴로움과 즐거움을
　　느끼고 지각하지 못하는 것 아니라네.
　그들은 차라리 저 중생들보다
　　사실은 더 많이 지각하느니라.
　즐겁다는 느낌에 방일(放逸)하지 않고
　괴로움과 접촉해도 근심 더하지 않으며
　괴로움과 즐거움 둘을 함께 버려
　따르지도 않고 어기지도 않느니라.
　제자들은 부지런히 방편을 써서
　바른 지혜로 휩쓸리지 않고
　이런 모든 느낌에 대해서
　총명한 지혜로 분명히 알 수 있네.

모든 느낌을 분명히 알기에

현세(現世)에 있어선 모든 번뇌 다하고

죽은 뒤에도 다음 생에 떨어지지 않아

영원히 열반(涅槃)에 머무르게 된다네.

그러면 욕망을 없애버리는 구체적인 방법이 무엇인가?

그것이 도제(道諦)이며 구체적으로 8정도(八正道)를 말한다.

정견(正見) 바른 견해, 즉 뒤바뀌지 않은 생각

정사(正思) 바른 생각, 바른 견해에 따라오는 바른 생각

정어(正語) 바른 말, 바른 생각으로 이루어진 말

정업(正業) 바른 행위, 바른 말과 행위

정명(定命) 바른 운명, 올바른 삶

정념(正念) 바른 관념

정정(正定) 바른 흔들리지 않음

정정진(正精進) 바른 노력

정말로 사성제는 쉽고도 어려운 진리이다. 이 사성제에 의한 생사의 굴레를 설명하신 것이 12인연법이고 이 굴레를 벗어나는 방법이 8정도인 것이다.

모든 것이 시작이 중요한 것처럼 8정도에서도 처음의 가르침인 정견(正見) 즉 바로 봄이 매우 중요하다. 그럼 과연 무엇을 바로 보란 말씀인가?

일반적으로 사람들은 불교가 논리적이고 철학적이고 어려운 가르침으로 생각한다. 그러나 사실은 불교는 현실적이고 실용적이고 대단히 이기적인 가르침이다. 즉 개인에게 꼭 이로운 것을 가르치며 철저한 실용주의적 사상을 알려주고 그 외의 이론들을 철저히 배제한다. 이러한 호기심을 자극하는 사실들을 희론(戲論)이라고 한다.

중아함경 60권 221 전유경

어느 때 수행자의 한 사람인 제자가 혼자서 편안하고 고요한 곳에서 앉아 사색하다가 마음으로 여러 가지 생각을 하게 되었다.

'사람이 사는 이 세상은 영원한 것인가, 영원하지 않는 것인가? 세상은 끝이 있는 것인가, 끝이 없는 것인가? 목숨이 몸과 같은가, 목숨과 몸은 다른가? 여래는 끝남이 있는가, 여래는 끝남이 없는가, 여래는 끝남이 있기도 하고 끝남이 없기도 한가, 여래는 끝남이 있지도 않고 끝남이 없지도 않는가? 왜 부처님께서는 이런 소견들은 다 제쳐놓고 전혀 말씀하지 않으셨는가?

그러나 나는 그것을 원하지 않고, 나는 그것을 참을 수 없으며, 나는 그것을 옳게 여기지 않는다. 만일 부처님께서 나를 위하여 '세상은 영원하다'라고 분명히 말씀해 주신다면 나는 그분을 따라 배우리라. 그러나 만일 부처님께서 나를 위하여 '세상은 영원하다'라고 분명히 말씀해 주지 않으신다면 나는 그를 비난한 뒤에 그를 버리고 떠나리라. '세상은 영원한 것인가, 영원하지 않는 것인가? 세상은 끝이 있는 것인가, 끝이 없는 것인가? 목숨이 몸과 같은가, 목숨과 몸은 다른가? 여래는 끝남이 있는가, 여래는 끝남이 없는가, 여래는 끝남이 있기도 하고 끝남이 없기도 한가, 여래는 끝남이 있지도 않고 끝남이 없지도 않는가?'라는 견해에 대해서도 마찬가지이다.

만일 부처님께서 나를 위하여 '이것은 진실이요 다른 것은 다 허망한 말이다'라고 분명히 말씀해 주신다면, 나는 그분을 따라 진리를 배우리라. 그러나 만일 부처님께서 나를 위하여 '이것은 진실이요 다른 것은 다 허망한 말이다'라고 분명히 말씀해 주지 않으신다면, 나는 그를 비난한 뒤에 그를 버리고 떠나리라.'

수행자는 해질 무렵에 연좌에서 일어나 부처님께 나아가 머리를 조아려 예배하고 물러나 한쪽에 앉아 아뢰었다.
"부처님이시여, 저는 오늘 혼자 편안하고 고요한 곳에서 연좌하고 깊이 사색에 잠겼다가 마음으로 이렇게 생각하였습니다.

'이 세상은 영원한 것인가, 영원하지 않는 것인가? 세상은 끝이 있는 것인가, 끝이 없는 것인가? 목숨이 몸과 같은가, 목숨과 몸은 다른가? 여래는 끝남이 있는가, 여래는 끝남이 없는가, 여래는 끝남이 있기도 하고 끝남이 없기도 한가, 여래는 끝남이 있지도 않고 끝남이 없지도 않는가? 부처님께서는 이러한 견해에 대해서는 다 제쳐놓고 전혀 말씀하지 않으셨다.'

그러나 저는 그것을 원하지 않고, 저는 그것을 참을 수 없으며, 저는 그것을 옳게 여기지 않습니다. 만일 부처님께서 분명하게 '세상은 영원하다'고 알고 계신다면 부처님이시여, 저를 위하여 말씀하여 주소서. 만일 부처님께서 '세상은 영원한가.'에 대해 분명하게 알지 못하신다면 '나는 모른다.'고 정직하게 말씀하여 주십시오.

이와 같이 '세상은 영원한 것인가, 영원하지 않는 것인가? 세상은 끝이 있는 것인가, 끝이 없는 것인가? 목숨이 몸과 같은가, 목숨과 몸은 다른가? 여래는 끝남이 있는가, 여래는 끝남이 없는가, 여래는 끝남이 있기도 하고 끝남이 없기도 한가, 여래는 끝남이 있지도 않고 끝남이 없지도 않는가?' 라는 견해에 대해서도 또한 마찬가지입니다.

만일 부처님께서 '이것은 진실이요, 다른 것은 다 허망한 말이다'라고 분명하게 아신다면 부처님이시여, 저를 위하여 말씀하여 주소서. 그러나 만일 부처님께서 '이것은 진실이요, 다른 것은 다 허망한 말이다'라고 분명하게 알지 못하신다면 '나는 모른다.'고 정직하게 말씀하여 주소서."
라고 수행자는 부처님께 간절히 물었다.

이에 부처께서 말씀하셨다.

"수행자야, 내가 이전에 혹 너에게 '세상은 영원하다. 그러
니 너는 나를 좇아 진리를 배우라'고 말한 적이 있었더냐?"

"아닙니다. 부처님이시여."

"이와 같이 '세상은 영원한 것인가, 영원하지 않는 것인가?
세상은 끝이 있는 것인가, 끝이 없는 것인가? 목숨이 몸과
같은가, 목숨과 몸은 다른가? 여래는 끝남이 있는가, 여래
는 끝남이 없는가, 여래는 끝남이 있기도 하고 끝남이 없기
도 한가, 여래는 끝남이 있지도 않고 끝남이 없지도 않는
가?' 하는 견해에 대해서도 마찬가지이다.

　내가 이전에 혹 너에게 '이것은 진실이요 다른 것은 다
허망한 말이다. 그러니 너는 나를 좇아 진리를 배우라'고
말한 적이 있었더냐?"

"아닙니다. 부처님이시여."

"수행자야, 너는 이전에 혹시 내게 '만일 부처님께서 저에게
(세상은 영원하다)고 분명하게 말씀하신다면 저는 부처님을
좇아 진리를 배우겠습니다.'라고 말한 적이 있었더냐?"

"아닙니다. 부처님이시여."

"이와 같이 '세상은 영원한 것인가, 영원하지 않는 것인가?
세상은 끝이 있는 것인가, 끝이 없는 것인가? 목숨이 몸과
같은가, 목숨과 몸은 다른가? 여래는 끝남이 있는가, 여래
는 끝남이 없는가, 여래는 끝남이 있기도 하고 끝남이 없기

도 한가, 여래는 끝남이 있지도 않고 끝남이 없지도 않는가?' 하는 견해에 대해서도 마찬가지이다.

수행자야, 너는 이전에 혹 내게 '만일 부처님께서 저에게 (이것은 진실이요 다른 것은 다 허망한 말이다)라고 말씀하신다면, 저는 부처님을 좇아 진리를 배우겠습니다.' 하고 말한 적이 있었더냐?"

"아닙니다. 부처님이시여."

"수행자야, 나도 이전에 너에게 말한 일이 없고 너도 또한 이전에 내게 말한 일이 없는데, 미련한 사람아, 어찌하여 너는 부질없이 나를 모함하고 비방하느냐?"

이에 수행자는 부처님의 면전에서 직접 꾸지람을 듣고 마음으로 근심하고 슬퍼하며 머리를 떨어뜨리고 잠자코 말이 없었으나, 무엇인가 물을 것이 있는 것 같았다.

부처님께서 꾸짖으신 뒤 모든 제자들에게 말씀하셨다.

"만일 어떤 어리석은 사람이 '만일 부처님께서 나에게 (세상은 영원하다)고 분명하게 말씀해 주지 않으신다면, 나는 부처님을 좇아 진리를 배우지 않으리라'고 생각한다면 그 어리석은 사람은 마침내 그것을 알지 못한 채 그 중간에 목숨을 마치고 말 것이다. '세상은 영원한 것인가, 영원하지 않는 것인가? 세상은 끝이 있는 것인가, 끝이 없는 것인가? 목숨이 몸과 같은가, 목숨과 몸은 다른가? 여래는 끝남이 있는가, 여래는 끝남이 없는가, 여래는 끝남이 있기도 하고 끝남이 없기도 한가, 여래는 끝남이 있지도 않고 끝남이 없지도 않는가?' 라고 하는 견해에 대해서도 역시 또한 마찬가지이다.

만일 어떤 어리석은 사람이 '만일 부처님께서 나에게 (이것은 진실이요, 다른 것은 다 허망한 말이다)라고 분명하게 말씀하지 않으신다면, 나는 부처님을 좇아 진리를 배우지 않으리라'고 생각한다면, 그 어리석은 사람은 마침내 그것을 알지 못한 채 그 중간에 목숨을 마치고 말 것이다.

비유하면 마치 어떤 사람이 몸에 독화살을 맞은 것과 같다. 그가 독화살로 말미암아 매우 심한 고통을 받을 때에 그 친족들은 그를 가엾이 생각하고 불쌍히 여기며, 그의 이익과 안정을 위해 곧 의사를 청하였다.

그러나 그 사람이 이런 생각을 한다고 하자. '아직 이 화살을 뽑아서는 안 된다. 나는 먼저 그 활이 산뽕나무로 되었는가, 뽕나무로 되었는가, 물푸레나무로 되었는가, 혹은 뿔로 되었는가를 알아보아야 하겠다.

아직 이 화살을 뽑아서는 안 된다. 나는 먼저 그 활 재료가 소 힘줄로 되었는가, 노루나 사슴 힘줄로 되었는가, 혹은 실로 되었는가를 알아보아야 하겠다.

아직 이 화살을 뽑아서는 안 된다. 나는 먼저 그 활의 색깔이 검은가, 흰가, 붉은가, 혹은 누른가를 알아보아야 하겠다.

아직 이 화살을 뽑아서는 안 된다. 나는 먼저 그 활줄이 힘줄로 되었는가, 실로 되었는가, 모시로 되었는가, 혹은 삼으로 되었는가를 알아보아야 하겠다.

아직 이 화살을 뽑아서는 안 된다. 나는 먼저 그 화살이 나무로 되었는가, 혹은 대나무로 되었는가를 알아보아야 하겠다.

아직 이 화살을 뽑아서는 안 된다. 나는 먼저 그 살촉을 화살대에 고정시킬 때 소 힘줄을 썼는가, 노루나 사슴 힘줄을 썼는가, 혹은 실을 썼는가를 알아보아야 하겠다.

아직 이 화살을 뽑아서는 안 된다. 나는 먼저 그 화살 깃이 매 털로 되었는가, 보라매나 독수리 털로 되었는가, 고니나 닭털로 되었는가, 혹은 학의 털로 되었는가를 알아보아야 하겠다.

아직 이 화살을 뽑아서는 안 된다. 나는 먼저 그 살촉이 넓고 길쭉하며 얇은 비의 모양인가, 창 모양인가, 혹은 양쪽으로 날이 선 칼 모양인가를 알아보아야 하겠다.

아직 이 화살을 뽑아서는 안 된다. 나는 먼저 살촉을 만든 사람이 어떤 성, 어떤 이름, 어떤 신분이며, 키는 큰 사람인가 작은 사람인가, 살결은 거친 피부인가 고운 피부인가, 얼굴빛은 흰 색깔인가 검은 색깔인가, 혹은 검지도 않고 희지도 않은가, 혹은 동방 남방 서방 북방의 어느 쪽에 사는가를 알아보아야 한다.'

그러다 보면 그 사람은 결국 그것을 알기도 전에 그 중간에 목숨을 마치고 말 것이다.

이와 같이 만일 어떤 어리석은 사람이 '부처님께서 나에게 (세상은 영원하다)고 분명하게 말씀해 주지 않으시면, 나는 부처님을 좇아 진리를 배우지 않으리라'고 생각한다면, 그 어리석은 사람은 마침내 그것을 알기도 전에 그 중간에서 목숨을 마치고 말 것이다.

이와 같이 '세상은 영원한 것인가, 영원하지 않는 것인가? 세상은 끝이 있는 것인가, 끝이 없는 것인가? 목숨이 몸과 같은가, 목숨과 몸은 다른가? 여래는 끝남이 있는가, 여래는 끝남이 없는가, 여래는 끝남이 있기도 하고 끝남이 없기도 한가, 여래는 끝남이 있지도 않고 끝남이 없지도 않는가?'라는 견해들에 대해서도 마찬가지이다. 만일 어떤 어리석은 사람이 '만일 부처님께서 나에게 (이것은 진실이요, 다른 것은 다 허망한 말이다)라고 말씀하시지 않는다면, 나는 부처님을 좇아 진리를 배우지 않으리라'고 한다면 그 어리석은 사람은 마침내 그것을 알기도 전에 그 중간에서 목숨을 마치고 말 것이다.

'세상은 영원하다'는 이런 견해 때문에 나를 좇아 진리를 배운다면 그것은 옳지 못하다. '세상은 영원한 것인가, 영원하지 않는 것인가? 세상은 끝이 있는 것인가, 끝이 없는 것인가? 목숨이 몸과 같은가, 목숨과 몸은 다른가? 여래는

끝남이 있는가, 여래는 끝남이 없는가, 여래는 끝남이 있기
도 하고 끝남이 없기도 한가, 여래는 끝남이 있지도 않고
끝남이 없지도 않는가?' 하는 견해에 대해서도 마찬가지이
다. 이런 견해 때문에 나를 좇아 진리를 배운다면 그것은
옳지 못하다.

 '세상은 영원하다'라는 이런 소견이 있기 때문에 나를 좇
아 진리를 배우지 않는다면, 이것도 옳지 못하다. '세상은
영원한 것인가, 영원하지 않는 것인가? 세상은 끝이 있는
것인가, 끝이 없는 것인가? 목숨이 몸과 같은가, 목숨과 몸
은 다른가? 여래는 끝남이 있는가, 여래는 끝남이 없는가,
여래는 끝남이 있기도 하고 끝남이 없기도 한가, 여래는 끝
남이 있지도 않고 끝남이 없지도 않는가?'라는 견해에 대해
서도 마찬가지이다. 이런 견해가 있기 때문에 나를 좇아 진
리를 배우지 않는다면, 이것도 옳지 못하니라.

 '세상은 영원하다'라는 이런 견해가 없기 때문에 나를 좇
아 진리를 배운다면 그것은 옳지 못하다. '세상은 영원한
것인가, 영원하지 않는 것인가? 세상은 끝이 있는 것인가,
끝이 없는 것인가? 목숨이 몸과 같은가, 목숨과 몸은 다른
가? 여래는 끝남이 있는가, 여래는 끝남이 없는가, 여래는
끝남이 있기도 하고 끝남이 없기도 한가, 여래는 끝남이 있
지도 않고 끝남이 없지도 않는가?'라는 견해에 대해서도 마
찬가지이다. 이런 견해가 없기 때문에 나를 좇아 진리를 배

운다면 그것은 옳지 못하다.

'세상은 영원하다'는 이런 견해가 없기 때문에 나를 좇아 진리를 배우지 않는다면 이것도 옳지 못하다. '세상은 영원한 것인가, 영원하지 않는 것인가? 세상은 끝이 있는 것인가, 끝이 없는 것인가? 목숨이 몸과 같은가, 목숨과 몸은 다른가? 여래는 끝남이 있는가, 여래는 끝남이 없는가, 여래는 끝남이 있기도 하고 끝남이 없기도 한가, 여래는 끝남이 있지도 않고 끝남이 없지도 않는가?' 하는 견해에 대해서도 마찬가지이다. 이런 견해가 없기 때문에 나를 좇아 진리를 배우지 않는다면, 이것도 옳지 못하니라.

'세상은 영원하다'는 견해를 가진 사람도 태어남이 있고 늙음이 있으며, 병이 있고 죽음이 있으며, 슬픔과 울음 근심 괴로움 번민이 있으니, 이렇게 하여 순전히 괴로움뿐인 큰 무더기가 생긴다. 이와 같이 '세상은 영원하지 않다. 세상은 끝이 있다. 세상은 끝이 없다. 목숨은 곧 몸이다. 목숨은 몸과 다르다. 여래는 끝남이 있다. 여래는 끝남이 없다. 여래는 끝남이 있기도 하고 끝남이 없기도 하다. 여래는 끝남이 있지도 않고 끝남이 없지도 않다'는 견해를 가진 자도 남이 있고 늙음이 있으며, 병이 있고 죽음이 있으며, 슬픔과 울음 근심 괴로움 번민이 있으니, 이렇게 하여 순전히 괴로움뿐인 큰 무더기가 생기느니라.

'세상은 영원하다'고 나는 변함없이 그렇게 말하지는 않는다. 무슨 까닭으로 변함없이 그렇게 말하지 않는가? 그것은 이치와 맞지 않고 법과 맞지 않으며, 또 진리의 근본이 아니어서 지혜로 나아가지 못하고, 깨달음으로 나아가지 못하며, 열반으로 나아가지 못하기 때문이다. 그러므로 나는 변함없이 그렇게 말하지는 않는다.

이와 같이 '세상은 영원하지 않다. 세상은 끝이 있다. 세상은 끝이 없다. 목숨은 곧 몸이다. 목숨은 몸과 다르다. 여래는 끝남이 있다. 여래는 끝남이 없다. 여래는 끝남이 있기도 하고 끝남이 없기도 하다. 여래는 끝남이 있지도 않고 끝남이 없지도 않다'고 나는 변함없이 그렇게 말하지는 않는다. 무슨 까닭으로 변함없이 그렇게 말하지 않는가? 그것은 이치와 맞지 않고 법과 맞지 않으며, 또 진리의 근본이 아니어서 지혜로 나아가지 않고, 깨달음으로 나아가지 않으며, 열반으로 나아가지 않기 때문이다. 그러므로 나는 변함없이 그렇게 말하지는 않느니라.

그러면 나는 어떤 법을 변함없이 말하는가? 나는 이런 이치를 변함없이 말하나니, 곧 괴로움[苦]과 괴로움의 발생[苦集]과 괴로움의 소멸[苦滅]과 괴로움의 소멸에 이르는 길[道]의 자취이니, 나는 이것을 변함없이 말한다. 무슨 까닭으로 나는 이것을 변함없이 말하는가? 이것은 이치와 맞고 법과 맞으며, 또 이것은 진리의 근본으로서 지혜로 나아가고, 깨달음으로 나아가며, 열반으로 나아간다. 그러므로 나는 변함없이 이것만을 말한다. 이것이 바로 말하지 않아야 할 것은 말하지 않고 말하여야 할 것은 말한다고 하는 것이다. 너희들은 마땅히 이렇게 가지고 이렇게 배워야 하느니라."

불교의 초기 경전에서 인용한 위 문장에서 느끼는 것은 약간 짜증날 정도로 한 가지 사안에 대하여 똑같은 내용이 상당히 반복하여 되풀이 이야기된다는 것이다.

그것은 불교란 원래 암송에 의한 암기를 통해서(기록되어 경전이란 형태를 가지고 전해 내려오는 것이 아니므로) 마음 깊이 느끼고 기억하기 위함인 것이다. 불교의 진리인 8정도를 예를 들어보면 이것을 행한다는 것이 간단히 적어 둠으로써 행하여지는 것이 아니고 계속 반복 또 반복하여야 한다는 것을 강조하는 것이다.

위의 내용에서 말하지 말아야 할 것, 그리고 알지 말아야 할 것을 희론(戲論)이라 하고, 말하여야 할 것, 그리고 알아야 할 것을 정견(正見)이라고 한다. 그렇기 때문에 희론에 휘둘리지 말고 정견을 따라야 한다는 것이고 이것이 바로 팔정도의 첫째 가르침인 것이다.

이것이 부처의 참뜻이다. 개인에게 이익이 되지 않는 것은 철저히 무관심하고 개인에게 이익이 되는 것은 철저히 배워서 아는 것이다.

부처께서 처음 하던 수행에 있어서도 마찬가지이다. 부처께서 보리수나무 밑에서 몇 년을 고행을 하다가 중간에 깨우친 것이 극심한 고행 자체는 깨달음을 이루는데 도움이 안 된다는 것이었다. 그래서 다시 자신의 몸을 돌보면 정진에 들어간 후에 깨우침을 얻으셨다. 즉 극심한 고행은 도리어 이익이 되지 않는다는 것을 느낀 것이다.

불경(마하왁가)

부처께서 죽림정사(竹林精舍)에 계실 때였다.

소나라는 비구는 산속에서 쉬지 않고 선정(禪定)을 닦다가 이렇게 생각했다.

'부처님의 제자로서 정진하는 중간 제자 중에 나도 들어간다. 그런데 나는 아직도 번뇌를 다하지 못했다. 애를 써도 이루지 못할 바에야 차라리 집에 돌아가 보시를 행하면서 복을 짓는 것이 낫지 않을까?'

부처님은 소나의 마음을 살펴 아시고 한 비구를 시켜 그를 불러 오도록 하셨다. 부처님 앞에 다가온 소나에게 부처님은 물으셨다.

"소나야, 너는 세속에 있을 때에 거문고를 잘 탔었다지?"

"네, 그러했습니다."

"네가 거문고를 탈 때 만약 그 줄을 너무 조이면 어떻게 소리가 나더냐?"

"소리가 잘 나지 않습니다."

"그럼 줄을 너무 늦추었을 때는 어떠하더냐?"

"그때도 잘 나지 않습니다. 줄을 너무 늦추거나 조이지 않고 알맞게 잘 고르게 하여야만 맑고 미묘한 소리가 납니다."

부처님은 소나를 기특하게 생각하면서 말씀하셨다.

"그렇다, 너의 공부도 그와 같다. 정진을 할 때 너무 조급히 하면 들뜨게 되고 너무 느리면 게으르게 된다. 그러므로 알맞게 하여 집착하지도 말고 방일하지도 말아라."

소나는 이때부터 항상 부처님께서 말씀하신 거문고를 타는 비유를 생각하면서 정진하였다. 그는 오래지 않아 번뇌가 다하고 마음의 해탈을 얻어 아라한(阿羅漢)이 되었다.

******** 이것이 부처가 이야기하려는 참 뜻이다.

중부경(中部經)

부처께서 어느 나라 왕자에게 말씀하시기를

"여기 한 아기가 있는데 만일 왕자나 왕자의 유모가 부주의 하여 이 아기가 막대기 조각이나 작은 돌을 입에 넣는다면 그대는 어떻게 하겠습니까?"

"부처님, 그것을 꺼내야지요. 만일 즉시 꺼낼 수 없다면 아기의 머리를 왼손으로 잡고 오른 손가락을 입에 넣어 피가 나더라도 이물질을 제거할 것입니다. 왜냐하면 그 아기에 대한 자비심 때문입니다."라고 답하였다.

그러자 부처께서는 왕자의 말에 다음과 같이 답하셨다.

"마찬가지로 왕자님,

여래는 사실이 아니고 진실 되지 않고 다른 이에게 유익하지 않은 말들을 아는데, 이 말들을 다른 사람들이 좋아하지 않고 그들에게 불쾌감을 준다면 여래는 그와 같은 말을 하지 않습니다.

여래는 사실이고 진실 되지만 다른 이에게 유익하지 않은 말들을 아는데, 이 말들을 다른 사람들이 좋아하지 않고 그들에게 불쾌감을 준다면 여래는 그와 같은 말을 하지 않습니다.

여래는 사실이고 진실 되고 다른 이에게 유익한 말들을 아는데, 그러나 이 말들을 다른 사람들이 좋아하지 않고 그들에게 불쾌감을 준다면 여래는 이 말을 해야 할 적절한 때를 알아서 합니다.

여래는 사실이 아니고 진실 되지 않고 다른 이에게 유익하지 않은 말들을 아는데, 이러한 말들이 다른 이에게 기분좋고 유쾌함을 준다하더라도 여래는 이런 말들을 하지 않습니다.

여래는 사실이고 진실 되더라도 다른 이에게 유익하지 않은 말들을 아는데, 그런 말들이 기분 좋고 유쾌함을 준다하더라도 여래는 그런 말들을 하지 않습니다.

여래는 사실이고 진실 되고 다른 이에게 유익한 말들을

아는데, 이 말들이 다른 이에게 기분 좋고 유쾌함을 줄 때 여래는 말해야 할 적절한 때를 알아서 합니다. 왜냐하면 여래는 중생을 향한 자비심이 있기 때문입니다."

이라고 말씀하셨다

모든 것이 결국은 이익을 가져다주는 방향으로 진행한다는 것이 부처의 본마음이다.

부처의 가르침 중에서 가장 중요한 것이 8정도이고 그 중에서도 첫 번째인 정견(正見 바로 봄)이다. 세상의 모든 어리석음, 악행, 거짓말 등은 모두 바로보지 못함으로 인한 것들이다.

북송 열반경(北宋 涅槃經) 맹상(盲象)

옛날 인도의 어떤 왕이 진리에 대해 말하다가 대신을 시켜 코끼리를 한 마리 몰고 오도록 하였다.

그리고는 장님 여섯 명을 불러 손으로 코끼리를 만져 보고 각기 자기가 알고 있는 코끼리에 대해 말해 보도록 하였다.

코끼리의 상아를 만진 장님이 말하였다.

"폐하 코끼리는 무같이 생긴 동물입니다."

코끼리의 귀를 만졌던 장님이 말하였다. "아닙니다, 폐하. 코끼리는 곡식을 고를 때 사용하는 키같이 생겼습니다."

코끼리의 다리를 만진 장님이 말하였다. "아닙니다, 둘 다 틀렸습니다. 코끼리는 마치 커다란 절구 공이같이 생긴 동물이었습니다."

코끼리 등을 만진 이는 평상같이 생겼다고 우기고,

코끼리 배를 만진 이는 장독같이 생겼다고 주장하며,

코끼리 꼬리를 만진 이는 굵은 밧줄같이 생겼다고 외치는 등

서로 다투며 시끄럽게 떠들었다.

이에 왕은 그들을 모두 물러가게 하고 신하들에게 말하였다.

"보아라. 코끼리는 하나이지만, 저 여섯 장님은 제각기 자기

가 알고 있는 것만을 코끼리로 알고 있으면서도 조금도 부

끄러워하지 않는구나.

진리를 아는 것도 또한 이와 같은 것이니라."

많은 사람들이 이와 같이 전체를 보지 못하고 부분만을 보니까 다른 부분을 본 사람의 의견은 당연히 틀린 것으로 생각할 수밖에 없는 것이다. 즉 바로 보지 못하기 때문인 것이다.

왜 바로 보아야 하는가?

그것은 결국에는 유익하기 때문이다.

이렇듯 부처께서는 진정으로 사람들에게 이익이 되게끔 말을 하고 행동을 하시는 것이다.

그래서 부처의 가장 중요한 가르침 중 하나가 절대로 희론(戱論)에 휘둘리지 말라는 것이다. 그것은 전혀 이득이 되지 않고 도리어 해를 입게 된다는 것이다.

희론이란 무엇인가? 그것은 창조주는 있는가?, 죽은 후의 세계는 있는가? 천당 또는 지옥은 있는가? 또한 전혀 도움이 안 되

는 (말)다툼, 논쟁, 호기심의 충족 등을 말한다.

중아함경 -. 제번뇌단속경

부처께서 말씀하셨다.

"바른 생각(정견 正見)과 바르지 못한 생각이 그것이다.

바른 생각이라 함은, 아직 나지 않은 번뇌를 나지 않게 하고, 이미 난 번뇌는 놓아 버리는 것이다.

바르지 못한 생각이라 함은, 아직 나지 않은 번뇌를 나게 하고, 이미 난 번뇌를 길러가는 것이다.

생각할 것과 생각하지 않을 것을 알지 못하는 사람은 생각해서 아니 될 것은 생각하고, 생각할 것은 생각하지 않는다. 그 때문에 아직 나지 않은 번뇌는 나게 되고, 이미 난 번뇌는 더 길러 나게 되는 것이다.

생각하지 않을 것을 생각한다 함은, 예컨대 나는 과거에 있었던가, 없었던가, 있었다면 어떻게 있었던가? 또 나는 미래에 실로 있을 것인가, 없을 것인가, 나는 미래에 어떻게 될 것인가? 또 나는 현재에 실로 있는 것인가, 없는 것인가? 나라는 존재는 어디서 왔다가 어디로 가는가? 이러한 부질없는 생각을 하는 것이다.

이리하여 '나(我)는 실로 있는가, 없는가?' 이렇게 나(我)에서 '나'가 있다는 생각을 일으키고, '나'에서 '나'가 없다는 생각을 일으키며, 무아(無我)에서 아상(我相)을, 아주

없어진다는 단견(斷見)을, 늘 있다는 상견(常見) 등을 일으
키어, 마침내 사견의 숲, 막다른 뒷골목, 사견의 결박에 빠
져서, 남(生)과 늙음과 죽음과, 근심, 걱정, 고통을 벗어나
지 못하게 되는 것이다.

이러한 양극단을 떠나서 중도로 가르침을 설한다. 따라서 생
각할 것과 생각하지 않을 것을 알아 익히는 사람은 '이것은
고(苦)다, 이것은 고의 원인[집集]이다, 이것은 고의 없어
짐[멸滅]이다, 이것은 고의 없어짐에 이르는 도(道)이다'
등의 이치를 바로 보아 바로 생각하므로, 모든 사견을 여의
고 번뇌를 정화하여 가게 되는 것이다."

부처께서 또 말씀하셨다.

"아직 생기지 않은 탐욕이 생겨나고 이미 생긴 탐욕이 더해
가는 것은 무슨 일 때문인가? 그것은 물건이 내 마음에 맞
는 모양 때문이다. 이 물건의 마음에 맞는 모양에 간사한
생각을 일으키기 때문에 아직 생기고 이미 생긴 탐욕은 더
해가는 것이다.

또 아직 일어나지 않은 노염이 일어나고 이미 일어난 노염이
더해가는 것은 무슨 일인가? 그것은 물건이 내 마음에 맞지
않는 모양 때문이다. 마음에 맞지 않은 모양에 간사한 생각
을 일으키기 때문에 아직 일어나지 않은 노염은 일어나고
이미 일어난 노염은 더해가는 것이다.

또 다음에 아직 일어나지 않은 어리석음이 일어나고 이미 일

어난 어리석음이 더해가는 것은 무슨 일인가? 그것은 바르지 않은 생각 때문인 것이다. 이 바르지 않은 생각에 의해서 아직 일어나지 않은 어리석음은 일어나고 이미 일어난 어리석음은 더해가는 것이다.

그러므로 마음에 맞는 모양을 바르게 생각하고 마음에 맞지 않는 모양을 바르게 생각해서 자비스런 마음을 쌓을 때에는 탐욕과 노여움은 생기지 않고 또 생기더라도 곧 없어지는 것이다. 그래서 이 바른 생각에 의해서 어리석음은 생기지 않고 또 생기더라도 곧 없어지는 것이다."

그럼 바로 보지 못하는 것은 무엇 때문인가?

그것은 욕심으로 인한 무명(無明) 때문이다.

누군가와 말다툼하며 심지어 싸우기까지 하다가 한참 시간이 지나 냉정을 찾은 후에 가만히 생각해 보면 정말로 하찮은 일에 그리 열을 내며 싸운 것을 보면 스스로 어이가 없음을 느끼게 된다. 이 얼마나 쓸모없는 행위인가. 이러한 행위들을 부처는 확실히 배격하는 것이다.

즉 철저한 실용주의적 가르침인 것이다.

★★★ 부처가 진정으로 이야기하려는 참 뜻 ★★★

* 불법은 철저히 **실용적**이고 **이기적인** 가르침이다.

  -.사후세계이니, 절대자의 존재이니 하는 것들을 알려고 하
    는 것은 아무 이익이 되지 않는다.

  -.진실 되고 이익이 될 때 유익한 말을 한다.

* **결과적으로 좋은 것이 결국 좋은 것이다**(그렇다고 수단을 악
  용하라는 것은 아니다).

  따라서 자신에게 이득이 되지 않으면 철저히 무관심 하라.

  -.열심히 공부하라. 그럼 결국 후년에 잘 살 것이다.

  -.자신이 통제 못하는 미래 일에 고민하지 마라.

  -.많은 경우 이득도 되지 않는 호기심 때문에 낭패를 보는
    경우가 허다하다.

  -.말이 많은 것은 이득 되지 않는 자기 발산이다.

  -.사기 쳐서 잘사는 사람은 결국에는 죗값을 받게 된다.

2-2. 연기법(緣起法)

불교의 기본 가르침은 간단하다.

'**착한 일을 하면 복을 받고 나쁜 일을 하면 벌을 받는다.**'는 것이다. 이것이 인과(因果)의 법칙이다. 이 인과의 법칙은 누구도 피해갈 수 없는 것이다. 이 법은 부처님이 만드신 것이 아니라 이전에 존재했고 이후에도 존재하는 자연의 이법인 것이다. 사람들은 '콩 심은데 콩 나고 팥 심은데 팥 난다'는 말은 인정하면서 인간사의 인과율에 대해서는 확실한 믿음이 적은 것 같다.

인연법은 사성제에 있어서 두 번째인 집성제(集聖諦)에 대한 것이다. 즉 고성제에 대한 원인이다.

이것이 있으므로 저것이 있고
이것이 일어나므로 저것이 일어난다.

잡아함경   -. 법설의설경(法說義說經)

이와 같이 나는 들었다.

어느 때 부처께서는 어떤 나라의 한 부락에 계시었다. 그 때에 세존께서는 모든 비구들에게 말씀하시었다.

"나는 지금부터 연기법(緣起法)에 대한, 법의 말 그리고 뜻의 말을 설명하리니 자세히 듣고 잘 생각하라. 너희들을 위하여 설명하리라.

어떠한 것이 연기법의 말인가?

이른바 '이것이 있기 때문에 저것이 있고, 이것이 일어나기 때문에 저것이 일어난다.'는 것이니 즉

무명을 인연하여 작위(作爲)가 있고, 작위를 인연하여 의식(識)이 있으며…… 이하, 순수한 큰 괴로움의 무더기가 모인다. 이것을 연기법의 법의 말이라 하느니라.

어떠한 것이 뜻의 말인가. 이른바 무명을 인연하여 작위가 있다면 그 어떤 것을 무명이라 하는가. 만일 과거를 알지 못하고 미래를 알지 못하며 과거와 미래를 알지 못하고, 안을 알지 못하고 밖을 알지 못하며 안팎을 알지 못하고, 업(業)을 알지 못하고 갚음을 알지 못하며 업과 갚음을 알지 못하고,

부처를 알지 못하고 법을 알지 못하며 중을 알지 못하고, 괴로움을 알지 못하고 모임을 알지 못하며 멸함을 알지 못하고 길을 알지 못하며, 인(因)을 알지 못하고 인을 일으키는 법을 알지 못하며, 착하고 착하지 않음을 알지 못하고 죄가 있고 죄가 없음과 익히고 익히지 않음과, 혹은 못하고 혹은 나음과 더럽고 깨끗함과 분별과 연기를 모두 알지 못하며,

여섯 감각을 진실로 깨달아 알지 못하며, 이러저러한 것을

알지 못하고 보지도 못하며, 참다운 지혜가 없어 어리석고 컴컴하며, 밝음이 없고 크게 어두우면 이것을 무명이라 하느니라.

무명을 인연하여 작위가 있다면 어떤 것을 작위(作爲 지어감)이라 하는가. 지어감에는 삼종이 있으니 몸의 지어감, 입의 지어감, 뜻의 지어감이니라.

작위(作爲 지어감)를 인연으로 하여 인식이 있다면 어떤 것을 인식이라 하는가. 이른바 여섯 인식(認識)이니 눈의 인식, 귀의 인식, 코의 인식, 혀의 인식, 몸의 인식, 뜻의 인식이 그것이니라.

인식을 인연하여 정신과 물질이 있다면 어떤 것을 정신이라 하는가. 이른바 네 가지 형상 없는 쌓임이니, 즉 느낌의 쌓임, 생각, 지어감, 의식의 쌓임이니라. 어떤 것을 물질로서 이 물질과 안에서 말한 정신이니 이것을 정신과 물질이라 하느니라.

정신과 물질을 인연하여 여섯 감각이 있다면, 어떤 것을 여섯 감각이라 하는가. 이른바 여섯 가지 안의 감각이니 눈의 감각, 귀, 코, 혀, 몸, 뜻의 감각이니라.

여섯 감각을 인연하여 촉각(觸覺)이 있다면 어떤 것을 촉각이라 하는가. 이른바 여섯 촉각(觸覺)들이니 눈의 촉각, 귀의 촉각, 코의 촉각, 혀의 촉각, 몸의 촉각, 뜻[의 意]의 촉각이니라.

촉각(觸覺)을 인연하여 느낌이 있다면 어떤 것을 느낌이라 하는가. 이른바 세 가지 수(受)이니 괴로움의 느낌, 즐거움의 느낌, 괴롭지도 않고 즐겁지도 않은 느낌이니라.

느낌을 인연하여 욕망이 있다면 어떤 것을 욕망이라 하는가. 이른바 세 가지 애(愛)이니 욕심의 욕망, 빛깔의 욕망, 빛깔이 없는 욕망이니라.

욕망을 인연하여 취함이 있다면 어떤 것을 취함이라 하는가. 네 가지 취(取)이니 욕심의 취함, 소견의 취함, 계(戒)의 취함, 나의 취함이니라.

취함을 인연하여 존재가 있다면 어떤 것을 존재라 하는가. 세 가지 존재이니 욕심의 존재, 빛깔의 존재, 빛깔이 없는 존재이니라.

존재를 인연하여 태어남이 있다면 어떤 것을 태어남이라 하는가. 만일 이러저러한 중생이 이러저러한 몸의 종류로 한 번 생기면 뛰어넘고 화합하고 태어나서 쌓임을 알고 계(界)를 얻고, 들어갈 곳을 얻고 생명을 얻나니 이것을 태어남이라 하느니라.

태어남을 인연하여 늙음과 죽음이 있다면 어떤 것을 늙음이라 하는가. 머리털이 희고 정수리는 드러나며, 피부는 늘어지고 기관은 오래되었으며, 사지는 약하고, 등은 굽고, 머리를 떨어뜨리고 끙끙 앓으며, 숨길은 짧고 숨을 헐떡이고, 몸이 앞으로 쏠리어 어쩔 수 없이 지팡이를 짚고 다니며,

몸은 색깔이 검누르고 얼굴에는 검버섯이 피며, 정신은 희미하고 행동하기도 어려워서 쇠약해 빠지면 이것을 늙음이라 하느니라.

어떤 것을 죽음이라 하는가. 이러저러한 중생이 이러저러한 종류로 사라지고 옮기되, 몸이 무너지고 목숨이 다하며 그로부터 더운 기운이 떠나고, 목숨이 멸하여 쌓임을 버릴 때가 이르면 이것을 죽음이라 하나니, 이 죽음과 앞에서 말한 늙음을 늙음과 죽음이라 한다. 이것을 연기의 뜻의 말이라 하느니라."

사성제에서 제일 첫 명제가 고성제 즉 일체개고(모든 것이 고통)이었다. 그래서 두 번째 명제인 집성제에서는 이러한 고통의 원인이 인연 때문이라 했다. 이러한 인연을 반연(攀緣)이라고 한다. 이것은 의지한다는 의미이고 이러한 것이 번뇌의 근본인 것이다. 인간이란 걱정의 90%이상이 아직 일어나지도 않은 일 등에 대해 걱정을 한다. 미래는 아무도 모르는 일이다. 또한 알아도 자신이 바꿀 수 없는 일이 많이 있다.

이러한 '알 수도 없고 알 것도 없는' 무익한 생각에 고민하고 번뇌를 한다. 무의미한 일이다. 이러한 반연의 행위를 하지 말아야 하는 것이다.

인간이 유해한 담배를 피우는 이유 중에 하나는 할 일없는 무료함을 달래기 위한 것이 하나의 이유이다. 자신이 무언가 바쁘

게 일할 것이 있으면 어느 정도 담배로부터 벗어날 수 있다. 번
뇌도 마찬가지이다. 자신이 무언가에 열심히 하면 번뇌가 생겨
날 틈이 없는 법이다.

반연(攀緣)하지 마라. 즉 쓸 때 없는 무익한 잡생각과 행동에
얽어매어 스스로를 고통 속에 빠져들게 하지 말아야 한다.

중경찬집비유경(衆經撰集譬喩經)

부처님께서 나열기성에서 큰 비구승 오백 명과 함께 계셨다.
어느 이른 아침에 가사를 입고 발우를 들고 오백 명의 비구
승 및 제자 아난과 함께 성내에 들어가 집집을 다니면서 걸
식하셨다.

어느 마을에서 높이 1천 2촌쯤 되는 부러진 단단한 나무 한
조각이 부처님 앞을 가로막으면서 오뚝이 서는 것을 보시고
부처님은 가만히 생각하셨다.

"이것은 전생의 인연이다. 내가 지은 업이니 내가 당해야 한
다." 여러 사람들은 모두 모여 구경하고 놀라서 소리를 지
르기도 했다.

부처님은 다시 생각했다.

"지금 나는 전생에 지은 인연의 과보를 받아야 한다. 사람들
이 이것을 봄으로써 인과를 믿고 감히 악을 짓지 않을 것이
다." 그리고는 부처님께서 땅에서 한 길쯤 높이의 허공으로
솟아오르자 나무창도 곧 부처님을 쫓아 올라와 부처님 앞에

섰다. 부처님께서 다시 두 길, 세 길 내지 일곱 길까지 오르시자 나무창도 따라 올라왔다. 부처님께서 다시 1다라나무 높이로 오르면 나무창도 그를 따라 올랐고, 부처님께서 10다라나무 높이로 오르면 나무창도 그를 따라 올라왔다. 부처님께서 다시 10유순, 12유순, 강과 불과 바람을 동원해도 그 나무창은 올라왔고, 사천왕궁에서 범천에까지 오르자 나무창도 삼십삼천으로부터 차례로 범천까지 올라와 부처님 앞에 섰다. 하늘은 그들끼리 "부처님께서 이 창을 두려워하시며 달아나신다. 그러나 창은 끝내 그대로 두지 않는구나."라고 했다.

그때 부처님께서는 범천에게 자신의 전생의 인연을 설명하시고 나열기성까지 내려오시면서 지나는 하늘마다 그들에게 모두 전생의 인연을 들려주셨다.

나무창도 부처님을 따라 그대로 나열기성으로 같이 내려왔다. 아난 등 비구들을 모두 제방으로 돌려보내고, 이 인연은 전생에 내가 지은 것이니 내가 마땅히 되돌려 받아야 한다고 생각하시고, 곧 대의(大衣)를 벗어내 겹으로 접어두시고 본자리로 도로 앉으셨다.

그리고 오른 발을 펴시자 나무창은 발등 위에서 발을 뚫고 밑으로 6만8천 유순의 땅속을 지나 물에 이르렀고 또 물 속 6만8천 유순을 지나 불에 이르렀으며, 그 높이 6만8천 유순의 불에 이르러 비로소 타버렸다. 이때 대지가 여섯 번 진동했다.

아난과 비구들은 생각했다. "이 대지가 이렇게 진동하는 것은 그 나무창이 반드시 부처님의 발을 꿰뚫은 것이리라."

부처님은 그 발이 나무창에 관통되어 고통이 매우 심했다. 아난은 부처님께 가서 그 발의 상처를 보고 자리에 쓰러졌다. 부처님께서 찬물을 끼얹어 주자 비로소 아난은 깨어나 부처님 발에 예배한 뒤에 발을 닦아주며 눈물을 흘리며 생각하였다.

"부처님은 이 발로 보리수 밑에서 악마를 항복 받으셨고 33천에 올라가시어 어머니를 위해 설법하셨다. 부처님은 금강의 몸이신데 무슨 인연으로 나무창에 다치시는가."

부처님은 아난에게 또 말씀하셨다.

"그만 그쳐라. 울지 말라. 세간의 인연으로 생사에 윤회하면 이런 고통을 받게 되는 것이다." 아난이 부처님께 "이제 상처의 고통은 좀 어떻습니까?"라고 묻자 "조금 나아간다."하셨다.

그리고 이렇게 말씀하셨다.

"세상 사람이 짓는 행은 선이든 악이든 그 모든 행은 자기 몸으로 다시 돌아오나니 끝내 그것은 없어지지 않는다. 모든 법(法)은 다 서로 상대적으로 연결되어 있다. 내 몸은 금강과 같아서 나무창이 부술 수는 없지마는 이것은 다 전생의 업으로 부서지는 것이다. 세상 사람들의 그 하는 짓은 모두 그 행에서 볼 수 있나니 선(善)을 행하면 행복한 기쁨의 결과를 받고 악(惡)을 행하면 고통스러운 결과를 얻게 된다.

옛날 옛적에 나는 상인이 되어 재물을 탐하여 죽음을 무릅쓰고 바다를 건너가 배위에서 싸우면서 예리한 창으로 상인의 다리를 찔렀었다. 그 인연으로 수천 년 동안 지옥의 고통을 겪었고 축생에 떨어져서는 사람들의 화살을 몸에 받았으며 수천 년 동안은 아귀가 되어 쇠로된 송곳 위를 밟고 다녔고 지금은 금강의 몸을 얻었으나 그 남은 재앙으로 인하여 지금 나무창에 찔린 것이니라.

그 첫째 상인은 지금의 저 제바달다요, 그 둘째 상인은 바로 나다. 너희들은 부지런히 정진하여 사성제(四聖諦)의 올바른 뜻을 알아서 과거의 업보를 줄이도록 하라."

불경: 부처님 제자

부처님의 2대 제자 중의 한 사람인 목건련은 말년에 라자가하에서 이교도 일파에게 몽둥이로 맞아서 뼈가 부러지고 살점이 떨어져나갈 지경까지 이르렀다. 이것을 바라본 사리불이 물었다.

"그대는 신통제일로 불릴 만큼 훌륭한 법력을 가지고 있는데, 왜 피하지 못하는가?"

"나는 전생에 부모를 괴롭힌 과보를 받는 것일 뿐이네."

목건련의 대답은 오히려 담담할 뿐이었다. 또한 부처님은 이 사건에 대해 전생의 과보라고 하였다.

"그는 전생에 아내에게 속아 부모를 숲속에 버렸다. 그 악업이 아직도 남아 박해를 받는 것이다."

상응부 7. 2:11

어느 때 부처님은 사왓티의 기원정사에 계셨다. 그때 상가라와라는 수도승이 사왓티에 살고 있었다. 그는 물에 의한 정화를 믿는 사람으로 '물에 의한 청정'을 수행하는 사람이었다. 그래서 그는 새벽과 해질녘 몸을 물속에 담그는 수행을 하는 사람이었다. 따라서 그는 계속 새벽과 해질녘에 몸을 물속에 담그는 수행에 몰두하였다.

그때 제자인 아난은 부처님께서 이 사실을 말씀드리면서 상가라와를 위하여 자비심으로 그를 방문하시도록 청하였다.

그래서 아침에 부처님은 가사를 입고 발우와 가사를 들고 상가라와가 사는 곳으로 가셨다. 수도승 상가라와는 부처님께 인사를 드리고 한쪽에 앉았다. 부처님은 이와 같이 말씀하셨다.

"수도승이여, 그대는 물에 의한 정화를 믿는 사람으로 '물에 의한 청정'을 수행하고 새벽과 해질녘에 몸을 물속에 담그는 수행에 몰두 한다는데 이 말이 맞소?"

"그렇습니다. 부처님."

"무슨 이익 때문에 그렇게 하시오, 수도승?"

"낮 동안에 지은 모든 악한 행위는 해질녘 목욕함으로써 씻어지고, 밤 동안에 지은 모든 악한 행위는 새벽에 목욕함으로써 씻어집니다."

이에 부처님께서는 '목욕과 행위는 아무런 연관 관계가 없소' 하시며 게송으로 말씀하셨다.

"담마는 계행의 여울이 있는 호수이며
이 맑은 호수는 훌륭한 이들이 대대로 찬탄한다네.
현자들이 목욕하러 가는 그 곳에 목욕하면
옷을 적시지 않고도 저 언덕으로 건너가네.
그러니 진정한 목욕이란
계행을 잘 지키는 것이오."

착한 행위를 하면 목욕을 안 해도 악한 행위를 씻을 수 있게 된다. 목욕과 악한 행위는 인과관계가 없는 것이다.

상응부 42

어느 때 부처님께서는 날란다 근처의 빠와리까의 망고 숲에서 계셨다. 그때 그곳 촌장이 부처님께 인사를 드리고 이렇게 말하였다.

"부처님. 서쪽 지방의 수도승들은 물병을 가지고 물풀로 화환을 만들어 걸고 몸을 물속에 담가 청정하게 하고 불을 섬

겁니다. 이들 수도승들은 죽은 사람을 직접 들어 올려 이름을 부르고 하늘나라고 인도한다고 합니다. 그런데 아라한이시며, 온전히 깨달으신 분 부처님은 세상의 모든 사람들을 그들이 죽은 후에 좋은 곳 하늘나라에 태어나게 할 수 있습니까?"

이에 부처님은 웃으시며 대답하셨다.

"그러면 촌장이여, 내가 질문할 테니 대답해 보시오, 여기 어떤 사람이 살아있는 생명을 죽이고, 주지 않는 것을 훔치고, 삿된 음행을 하고, 거짓말을 하고, 인간질을 하고, 악담을 하고, 쓸데없는 말을 하고, 욕심과 악의와 잘못된 견해로 가득 차 있다고 합시다.

그런데 많은 사람들이 그의 주변에 모여와서 기도하고 찬가를 외우고 합장하고 돌면서 말하기를 '이 사람은 죽은 후 좋은 곳 하늘나라에 태어나게 하소서,' 하고 기도한다며, 촌장이여, 이런 많은 사람들의 기도 덕분에, 아니면 찬가 때문에, 아니면 합장하고 그를 돌았기 때문에 그것으로 인하여 그 사람은 죽은 후에 하늘나라의 좋은 곳에 태어나겠습니까?"

"그렇지 않습니다. 부처님."

"촌장이여, 어떤 사람이 커다란 돌을 깊은 못의 물에 던져 넣었다고 합시다.

그런데 많은 사람들이 못의 주변에 모여와서 기도하고 찬가를 외우고 합장하고 돌면서 말하기를, '착한 큰 돌멩이야 떠올라라, 착한 큰 돌멩이야 물가고 나오려무나.'라고 기도 한다면 이런 많은 사람들의 기도 덕분에 아니면, 찬가 때문에, 아니면 합장하고 주변을 돌았기 때문에 그 큰 돌이 못 위로 솟아올라 물가로 나오겠습니까?"

"그렇지 않습니다. 부처님."

"이와 마찬가지로 촌장이여, 여기 어떤 사람이 살아있는 생명을 죽이고, 주지 않는 것을 훔치고, 삿된 음행을 하고, 거짓말을 하고, 이간질을 하고, 악담을 하고, 쓸데없는 말을 하고, 욕심과, 악의와 잘못된 견해로 가득 차 있다고 합시다. 그런데 많은 사람들이 그의 주변에 모여와서 기도하고 찬가를 외우고 합장하고 돌면서 말하기를, '이 사람이 죽은 후 좋은 곳 하늘나라에 태어나게 하소서,'라고 기도한다 하더라고 그는 죽은 후 나쁜 곳 즉 지옥에 태어날 것입니다.

그러나 촌장이여, 반대로 어떤 사람이 생명을 죽이지 않고 주지 않는 것을 훔치지 않고, 삿된 음행을 하지 않고, 거짓 말하지 않고, 이간질하지 않고, 악담하지 않고 쓸데없는 말을 하지 않고, 탐욕을 부리지 않고, 악의가 없고 바른 견해를 가지고 있다고 합시다. 그런데 많은 사람들이 그의 주변에 모여와서 기도하고 찬가를 외우고, 합장하고 돌면서 말하기를, '이 사람이 죽은 후 비참한 곳, 나쁜 곳인 지옥에 태나게 해주십시오.'라고 기도한다면, 촌장이여, 이런 많은 사람들의 기도 때문에, 아니면 찬가 때문에. 아니면 합장하고 그를 돌았기 때문에, 그 사람이 죽은 후 나쁜 곳 지옥에 태어나겠습니까?"

"그렇지 않습니다. 부처님."

"촌장이여, 어떤 사람이 한 단지의 기름을 깊은 못의 물속에 넣은 후 그 단지를 깨뜨렸다고 합시다. 깨진 단지 조각들은 가라앉을 것이고 기름은 위로 떠오를 것입니다.

그런데 많은 사람들이 그의 주변에 모여와서 기도하고 찬가를 외우고 합장하고 돌면서 말하기를, '착한 기름아 가라앉아라. 착한 기름아 아래로 내려가거라.'라고 기도한다면, 촌장이여, 이런 많은 사람들의 기도 덕분에, 아니면 찬가 때문에, 아니면 합장하고 못의 주위를 여러 번 계속 돌았기 때문에, 그 기름이 아래로 가라앉든지, 아래로 내려가겠습니까?"

"그렇지 않습니다. 부처님."

"이와 같이 촌장이여, 어떤 사람이 생명을 죽이지 않고, 주지 않는 것을 훔치지 않고, 삿된 음행을 하지 않고, 거짓말 하지 않고, 이간질 하지 않고, 악담하지 않고, 쓸데없는 말을 하지 않고, 탐욕을 부리지 않고, 악의가 없고, 바른 견해를 가지고 있다고 합시다. 그런데 많은 사람들이 그의 주변에 모여와서 기도하고 찬가를 외우고 합장하고 돌면서 말하기를, '이 사람이 죽은 후 비참한 곳, 나쁜 곳인 지옥에 다시 태어나게 해주십시오.'라고 기도한다 하더라도 그는 좋은 곳인 천상 세계에 태어날 것입니다."

이와 같이 부처님이 말씀하셨다.

이에 촌장은 부처님의 훌륭한 말씀을 찬탄하면서 그 자리에서 부처님께 귀의하여 재가신도가 되었다.

증일아함경

어떤 중생이 있어 그는 몸과 입과 뜻으로 악을 행하고 착하지 않은 행을 지으며, 현재의 생애를 비방하면은 목숨을 마친 뒤에는 지옥 속에 떨어질 것이다.

그때 옥졸(獄卒)은 그 죄인을 끌고 가서 염라대왕에게 보이면서 모두 이렇게 말한다.

"대왕이여, 마땅히 아셔야만 합니다. 이 사람은 전생에 나쁜 마음을 먹고 온갖 악한 행을 저지르고 나서는 이 지옥에 태어났습니다. 대왕이여, 마땅히 관찰하셔야만 합니다. 이 사람은 무슨 죄로 다스려야 하겠습니까?"

그러면 염라대왕(閻羅大王)은 가만히 그 사람에게 죄를 묻는다.

"어떤가? 남자야. 너는 전생에 사람의 몸으로 있을 때, 어떤 태어나려고 하는 사람이 사람의 몸을 얻어 태(胎) 안에 있을 때에 너무도 괴롭고 힘들어 그 고통이 실로 감당하기 어

렵고, 또 커서는 키우고 젖을 먹이며 목욕시켜야 하는 것을
보지 못하였는가?"

죄인이 대답한다.

"진실로 보았습니다, 대왕이여."

염라대왕은 말한다.

"어떠냐? 남자야. 너는 스스로 살아가는 법의 요긴한 행인,
몸과 입과 뜻으로 온갖 선한 무더기를 닦아야 한다는 것을
알지 못했던가?"

죄인이 대답한다.

"그렇습니다, 대왕이여. 대왕의 가르침처럼 다만 어리석고
미혹하여 착한 행을 분별하지 못하였습니다."

염라대왕이 말한다.

"그대의 말은 사실로서 틀림이 없다. 또 그대는 몸과 입과
뜻으로 착한 행을 짓지 않았으므로 오늘과 같은 일이 있을
줄을 나는 알았다.

그런 까닭에 지금 너의 방일(放逸)한 죄를 다스리리라. 그것
은 부모가 지은 것도 아니고, 국왕이나 대신들이 지은 것도
아니다. 본래 네 스스로 죄를 지어 오늘 그 과보(果報)를
받는 것이다."

그때 염라대왕은 먼저 그 죄를 묻고는 칙명에 의하여 다스
리라고 한다. 또 두 번째 옥졸(獄卒)은 다시 그 사람에게
묻는다.

"너는 전에 사람으로 있었을 때, 몸이 매우 연약하여 길을 걸을 때에는 헐떡거리고, 옷은 더럽기 그지없으며, 움직일 때마다 벌벌 떨고, 숨을 쉴 때는 끙끙 앓으면서 다시는 젊었을 때의 마음이 없는 노인을 보지 못하였느냐?"

이 때 죄인이 대답한다.

"그렇습니다, 대왕이여. 저는 이미 보았습니다."

염라대왕이 말한다.

"너는 마땅히 '나도 지금 또한 이 몸에 저렇게 늙어가는 것을 알고 있다. 늙는 것은 싫다. 마땅히 착한 행을 닦아야 한다'고 스스로 알았어야 했다."

죄인이 대답한다.

"그렇습니다, 대왕이여. 그 때는 진실로 그것을 믿지 않았습니다."

염라대왕이 말한다.

"나는 진실로 그것을 알고 있다. 너는 몸과 입과 뜻으로 착한 행을 짓지 않았다. 그래서 이제 마땅히 네 죄를 다스려 다시는 범하지 않게 하리라. 네가 지은 악(惡)은 부모가 지은 것도 아니고, 국왕이나 대신이나 백성들이 지은 것도 아니다. 네가 스스로 그 죄를 지었으므로 마땅히 스스로 그 과보를 받는 것이다."

그때 염라대왕은 두 번째 옥졸(獄卒)을 시켜 그 사람을 다스리게 한다. 그리고 다시 세 번째 옥졸(獄卒)을 시켜 그 사람에게 묻는다.

"너는 전생(前生)에 사람의 몸으로 있었을 때에 똥오줌 위에 누워서 제대로 움직이지도 못하는 병든 사람을 보지 못하였는가?"

죄인이 대답한다.

"그렇습니다, 대왕이여. 저는 진실로 보았습니다."

염라대왕이 말한다.

"어떠냐? 남자야, 너는 스스로 내게도 저런 병이 있어 저런 걱정을 면하지 못할 것이라고 알지 못하였느냐?"

죄인이 대답한다.

"실로 저는 그것을 생각지 못했습니다."

염라대왕은 말한다.

"나도 네가 그랬을 줄 안다. 어리석고 미혹하면 그것을 알지 못한다. 나는 지금 네 죄를 다스려 너로 하여금 다시는 범하지 않게 하리라. 그 죄는 네 부모가 지은 것도 아니고, 국왕이나 대신이 지은 것도 아니다."

그때 염라대왕은 이렇게 가르치고 세 번째 옥졸(獄卒)에게 처리를 명령한다. 다음에는 네 번째 옥졸(獄卒)을 시켜 그 사람에게 묻게 한다.

"어떤가, 남자야. 몸이 마른나무와 같이 되어서 바람은 떠나고 불도 꺼져서 아무 감정과 생각이 없을 때 다섯 친족들이 빙 둘러싸고 통곡하며 울부짖는 것을 보았는가?"

죄인이 대답한다.

"그렇습니다, 대왕이여. 저는 이전에 보았습니다."

염라대왕은 말한다.

"너는 왜 '나도 장차 이 죽음을 면하지 못할 것이다'라는 이런 생각을 하지 않았느냐?"

죄인이 대답한다.

"그렇습니다, 대왕이여. 저는 그 사실을 미처 깨닫지 못하였습니다."

염라대왕은 말한다.

"나도 또한 네가 그 법을 깨닫지 못하였으리라고 믿는다. 이제 너를 다스려 너로 하여금 다시는 범하지 않게 하리라. 그 착하지 않은 죄는 부모가 지은 것도 아니고, 국왕이나 대신이나 백성들이 지은 것도 아니다. 네가 본래 스스로 지어 지금 직접 그 죄를 받는 것이다."

그때 염라대왕은 네 번째 옥졸(獄卒)에게 처리를 명령한다. 그리고 다시 다섯 번째 옥졸(獄卒)을 시켜 그 사람에게 말하게 한다.

"너는 죽기 전에 사람으로 있었을 때에 어떤 도둑이 담을 뚫고 집을 부수고서 남의 재산과 보물을 훔쳐서는 혹 불을 지르기도 하고, 혹은 도로(道路)에 숨겨두기도 하였다가, 만약 국왕에게 잡히면

그들에게 혹은 손과 발이 잘리기도 하고, 혹은 죽임을 당하

기도 하며, 혹은 감옥에 갇히기도 하고, 혹은 뒤로 묶인 채
시장에 끌려 다니기도 하며, 혹은 모래나 돌을 짊어지고 다
니게 하기도 하고, 혹은 거꾸로 매달기도 하며, 혹은 화살
을 모아 쏘기도 하고, 혹은 구리쇠를 녹여 그 몸에 붓기도
하며, 혹은 불로 지지기도 하고 혹은 그 가죽을 벗겨 도로
그에게 그것을 먹게 하기도 하며, 혹은 배를 갈라 그 속을
풀로 채우기도 하고, 혹은 끓는 물에 삶기도 하며, 혹은 칼
로 쪼개거나 바퀴로 그 머리를 갈리기도 하고, 혹은 코끼리
발로 밟아 죽이기도 하며, 혹은 머리를 나무 가지에 달아
죽이기도 하는 것을 보지 못하였는가?"

죄인이 대답한다.

"저는 그런 사실을 보았습니다."

염라대왕은 말한다.

"너는 왜 남의 물건을 몰래 훔쳤느냐? 마음으로 그런 일이
있을 줄 알면서 왜 범했느냐?"

"그렇습니다, 염라대왕이시여. 저는 정말 어리석고 미혹하였
습니다."

염라대왕은 말한다.

"나도 네 말을 믿는다. 이제 네 죄를 다스려 너로 하여금 다
시는 죄를 범하지 않게 하리라. 이 죄들은 부모가 지은 것
도 아니고, 국왕이나 대신이나 백성들이 지은 것도 아니다.
네 스스로 그 죄를 지어 네 자신이 직접 그 과보를 받는 것

이다."

이 말에 죄인은 눈물로 속죄한다.

그 때 염라대왕은 죄를 다 묻고 나서는 곧 옥졸들에게 명령하여, 빨리 그 사람들을 끌고 가서 감옥에 가두라고 한다. 그 때 옥졸들은 왕의 명령을 받고 그 죄인들을 끌고 가서 옥에 가둔다.

잡아함경

부처님께서 코삼비의 어느 동산에 계실 때의 일이다.

하루는 부처님을 시봉하는 아난에게 한 외교도가 찾아와 이런 것을 물었다.

"당신들은 무엇 때문에 집을 나와 부처님 밑에서 수행을 하는지요?"

외교도(外敎道)의 질문은 불교 수행의 이유와 목적을 묻는 것이었다. 이에 대해 아난은 이렇게 대답했다.

"탐욕[탐 貪]과 성냄[진 瞋]과 어리석음을[치 痴] 끊기 위해서지요."

외교도는 다시 질문하였다.

"탐진치(貪瞋痴) 삼독에 무슨 허물이 있기에 끊어야 한다고 말하는지요?"

"탐욕에 집착하면 마음이 캄캄해져 자기와 남을 해치게 됩니다. 그러면 현세에서도 죄를 받고 후세에서도 죄를 받기 때문이지요. 분노와 어리석음에 집착해도 또한 그와 같지요. 탐진치(貪瞋痴) 삼독에 집착하게 되면 그 순간 사람은 장님이 됩니다. 지혜가 없으면 판단이 흐려집니다. 그것은 옳은 것이 아니요, 밝은 것도 아니며, 열반에 이르는 것을 방해할 뿐입니다. 그래서 반드시 삼독을 끊어야 한다고 말하는 것입니다."

"그렇다면 삼독을 끊으면 어떤 이익과 공덕이 있는지요?"

"삼독을 끊으면 자기도 해치지 않고 남도 해치지 않으며, 현세에도 죄를 짓지 않고 후세에서도 그 과보를 받지 않게 됩니다. 마음은 언제나 기쁘고 즐거우며, 번뇌를 떠나 현세에서 깨달음을 얻게 됩니다."

"그러면 어떻게 해야 삼독을 끊을 수 있는지요?"

"부처님께서 가르치신 성스러운 여덟 가지 바른 수행인 팔정도(八正道) 실천하면 됩니다."

아난의 자상한 설명을 들은 그는 기쁜 마음으로 집으로 돌아갔다.

이 세상을 지배하는 것은 바로 인과의 법칙이다. 그러면 우리들은 인생을 어떻게 살아야하는 것일까?

답은 확실하다.

착한 일을 늘이고 악한 일을 줄이는 것이다.

42장경 제4장

부처님께서 제자들에게 말씀하시되 중생은 열 가지 계문을 지킴으로써 선을 삼고 또한 열 가지 계문을 범함으로써 악을 삼나니 무엇이 열 가지냐 하면 몸으로 셋이요, 입으로 넷이요, 뜻으로 셋이라, 몸으로 셋이라 함은 살생, 도적, 간음이요, 입으로 넷이라 함은 망어(妄語), 기어(綺語), 양설(兩舌), 악구(惡口)요 뜻으로 셋이라 함은 탐심, 진심, 치심이니 이 계문을 범하여 도를 거스른 사람을 십악을 행한다하고 이 계문을 지켜서 도를 순하게 받은 이를 십선을 행한다 한다.

이러한 가르침에 대하여 잘 알고 있어도 실행은 참으로 힘든 법이다. 그럼 이러한 법을 실행하기 위한 수련법은 어떠한 것이 있는가? 그것은

현실을 직시하고(일체개고)

현실을 객관적으로 판단하여 진정한 진리를 체득하는 것이다.

그러면 저절로 아래와 같은 것을 피부로 느끼게 된다. 즉

모든 것이 덧없다.

자신의 몸도 무상한 것이다.

세상이 항상 지속되는 것은 없다.

이러한 변화되는 것은 고통이다.

긴 시간을 볼 때 인과의 법칙은 당연하다.

꾸준히 위의 진리를 닦는 것이다.

현실을 직시하는 훈련은 힘들지만 중요한 불교의 수련과정이다.

증일아함경 -.안반품

그때 라운이라는 한 제자가 다시 이렇게 생각하였다.

'어떻게 호흡법(안반 安般)을 닦아야 근심과 걱정을 없애고 모든 생각을 끊을 수 있을까?' 라고 생각한 그는 곧 자리에서 일어나 부처님께서 계신 곳으로 나아가 머리를 조아려 그 발에 예배하고 한쪽에 앉았다. 조금 뒤에 다시 자리에서 조금 비껴 앉아 부처님께 아뢰었다.

"어떻게 호흡법을 닦아야 근심과 걱정을 없애고 온갖 생각이 끊어지며 큰 과보를 성취하여 불법의 감로(甘露)의 맛을 얻게 되겠습니까?"

부처님께서 말씀하셨다.

"훌륭하고 훌륭하구나. 네가 능히 내 앞에서 사자의 외침으로 그런 이치를 묻는구나. '어떻게 수식관을 닦아야 근심과 걱정을 없애고 온갖 생각이 끊어지며 큰 과보를 성취하여 감로의 맛을 얻게 되겠습니까?'

라운아, 자세히 듣고 자세히 들어 잘 사유하고 기억하라. 내 너를 위해 자세히 분별해주리라." 라고 대답하셨다.

"그렇게 하겠습니다, 부처님이시여." 그때 그는 부처님의 가르침을 받고 있었다.

부처님께서 말씀하셨다.

"그렇다. 나의 제자여, 어떤 비구가 아무도 없는 한가하고
고요한 곳을 좋아하여 몸과 마음을 바르게 가지고 가부좌하
고 앉아 다른 생각 없이 뜻을 코끝에 매어두고 내쉬는 숨이
길면 긴 줄을 알고 들이쉬는 숨이 길어도 긴 줄을 알며, 내
쉬는 숨이 짧으면 짧은 줄을 알고 들이쉬는 숨이 짧아도 짧
은 줄을 안다.

내쉬는 숨이 차가우면 차가운 줄을 알고 들이쉬는 숨이 차가
와도 차가운 줄을 알며, 내쉬는 숨이 따뜻하면 따뜻한 줄을
알고 들이쉬는 숨이 따뜻해도 따뜻한 줄을 알아서 온 몸의
들이쉬는 숨과 내쉬는 숨을 관찰하여 모두 다 안다.

어떤 때에는 숨이 있으면 있는 줄을 알고 어떤 때에는 숨이
없으면 없는 줄도 안다. 만일 그 숨이 심장에서 나오면 심
장에서 나오는 줄을 알고 혹은 그 숨이 심장으로 들어가면
심장으로 들어가는 줄을 안다.

제자여, 이와 같이 호흡법을 닦아 행하면 곧 근심, 걱정, 번
민·어지러운 생각 따위가 다 없어지고 큰 과보를 성취하여
감로의 맛을 얻게 될 것이다."

그때 부처님께서는 제자를 위해 미묘한 법을 자세히 갖추어
말씀해주셨다. 제자는 곧 자리에서 일어나 부처님의 발에
예배하고 세 번 돌고 떠나갔다.

그는 안다 동산에 있는 어떤 나무 밑으로 가서 몸과 마음을

바르게 하고 가부좌하고 앉아 다른 생각 없이 마음을 코끝에 매어두고 내쉬는 숨이 길면 긴 줄을 알고 들이쉬는 숨이 길어도 긴 줄을 알며, 내쉬는 숨이 짧으면 짧은 줄을 알고 들이쉬는 숨이 짧아도 짧은 줄을 알았다.

내쉬는 숨이 차가우면 차가운 줄을 알고 들이쉬는 숨이 차가와도 차가운 줄을 알며, 내쉬는 숨이 따뜻하면 따뜻한 줄을 알고 들이쉬는 숨이 따뜻해도 따뜻한 줄을 알아서 온 몸의 들이쉬는 숨과 내쉬는 숨을 관찰하여 모두 다 알았다.

어떤 때에는 숨이 있으면 있는 줄을 알고 어떤 때에는 숨이 없으면 없는 줄을 알았다. 만일 그 숨이 심장에서 나오면 심장에서 나오는 줄을 알고 혹은 그 숨이 심장으로 들어가면 심장으로 들어가는 줄을 알았다.

그때 제자는 이와 같이 사유하여 욕심에서 곧 해탈하여 다시는 어떤 악(惡)도 없고, 다만 각(覺)과 관(觀)이 있어서 기쁨과 편안함을 기억해 지니며 초선에서 노닐었다.

다음에는 각(覺)과 관(觀)이 없어지고 안으로 스스로 기뻐하면서 그 마음을 전일하게 하여 각과 관이 없는 삼매를 얻고, 거기서 생기는 기쁨을 기억하며 제2선에서 노닐었다.

다음에는 기쁜 기억도 없어지고 스스로 지켜 몸이 즐거운 것을 깨달아 알며, 모든 성현(聖賢)들이 늘 구하는 바인 평정한 기쁨의 기억으로 제3선에서 노닐었다. 그는 다시 괴로움과 즐거움이 이미 사라지고 다시는 근심·걱정이 없으며 괴로움도 즐거움도 없는 평정한 기억이 청정한 제4선에서 노닐었다.

그는 이 삼매의 힘으로 마음은 깨끗하여 아무 더러움도 없고, 몸은 부드럽고 연해져서 자기가 온 곳을 알고 과거에 했던 일을 기억하여 수없이 많은 겁(劫) 동안의 전생 일들을 모두 분별(分別)하였다.

그리고 또 1생, 2생, 3생, 4생, 5생과 10생, 20생, 30생, 40생, 50생과 백 생, 천 생, 만 생, 수십만 생과 수많은 겁(劫) 수십만 수백만 겁(劫)과 억 년 동안의 셀 수 없는 긴 세월 동안에 '나는 저기에 태어났을 때 이름은 무엇이었고 성은 무엇이었다'는 것과 어떤 음식을 먹었고 어떤 고락(苦樂)을 받았었다는 것과 목숨이 길고 짧았던 것과 저기서 죽어 여기에 태어나고, 여기서 죽어 저기에 태어났었다는 것을 모조리 다 알았다.

그는 또 이 삼매의 힘으로 마음이 청정해져 더러운 티가 없어지고, 또한 온갖 번뇌도 없어졌으며, 또 중생들이 마음먹은 것을 다 알았다.

그는 또 천안이 깨끗하고 티가 없어서 중생들을 보되 태어나고 죽는 것, 그들이 받는 몸의 좋고 나쁜 것, 그들이 사는 곳의 좋고 나쁜 것, 그 얼굴의 곱고 추한 것, 그 행한 일과 지은 업을 모두 관찰해 사실 그대로 알았다.

또 혹 어떤 중생이 몸으로 나쁜 짓을 행하고, 입으로 나쁜 말을 하며, 뜻으로 나쁜 마음을 먹어 성현을 비방하고 삿된 소견으로 삿된 짓을 저지르다가 몸이 무너지고 목숨이 끝난 뒤에는 지옥에 들어가며, 어떤 중생이 몸으로 착한 일을 행하고, 입으로 착한 말을 하며, 뜻으로 착한 마음을 먹어 성현을 비방하지 않고, 항상 바른 소견을 가지고 바른 일을 행함으로써 몸이 무너지고 목숨이 끝난 뒤에 천상(天上)의 좋은 곳에 태어나는 것을 다 보아 알았다.

이것이 이른바 '천안이 깨끗하고 티가 없어서 중생들을 보되 태어나고 죽는 것, 그들이 받은 몸의 좋고 나쁜 것, 그들이 사는 곳의 좋고 나쁜 것, 그 얼굴의 곱고 추한 것, 그 행한 일과 지은 업을 모두 관찰해 사실 그대로 안다'는 것이다.

그는 다시 뜻으로 번뇌가 없어진 마음을 성취하여 괴로움을 관찰하여 사실 그대로 알고, 다시 괴로움의 발생과 괴로움의 소멸과 괴로움의 소멸에 이르는 길을 관찰하여 사실 그대로 알았다.

그는 이와 같이 관찰함으로써 욕심의 흐름에서 마음이 해탈하고 유루(有漏)와 무명루(無明漏)에서 마음이 해탈하며, 그는 이미 해탈을 얻고 나서는 거기서 해탈했다는 지혜가 생겼다.

그리하여 '나고 죽음은 이미 끝나고 범행(梵行)은 이미 섰으며, 할 일을 이미 마쳐 다시는 후세의 몸을 받지 않는다'고 사실 그대로 알았다.

그때 제자 라운은 이미 아라한이 되었다. 그는 곧 자리에서 일어나 옷을 여미고 부처님께 나아가 머리를 조아려 그 발에 예를 올리고 한쪽에 머물러 부처님께 아뢰었다.

"저는 이제 구하던 것을 이미 얻었으며, 모든 번뇌가 다 없어졌습니다."

그때 부처님께서 모든 비구들에게 말씀하셨다.

"아라한이 된 사람 중에 라운 만한 이가 없다. 온갖 번뇌가 다한 이를 논하더라도 그 또한 라운 비구요, 계율을 잘 지키는 자를 따져보아도 곧 라운 비구이다. 왜냐 하면 과거의 모든 여래(如來) 때에도 저 라운 비구가 있었고, 부처의 아들로 말하여도 그는 곧 라운 비구이다. 그는 직접 부처에게서 몸을 받아 법의 으뜸가는 사람이 되었기 때문이다."

-. 노경(蘆經)

이와 같이 나는 들었다.

부처님께서 왕사성의 가란다라고 하는 죽원에 계실 때였다. 존자 사리불과 존자 마하구치라(摩訶拘絺羅)는 기사굴산에 있었다.

그때 존자 사리불이 해질 무렵 즈음에 선정에서 깨어나 존자 마하구치라가 있는 곳으로 찾아가서 서로 문안인사를 나누고 위로한 뒤에 한쪽에 앉아, 존자 마하구치라에게 말하였다.

"물을 일이 있는데 혹 틈이 있으시면 대답해 주시겠습니까?"

존자 마하구치라가 존자 사리불에게 말하였다.

"존자시여, 무엇이든 얼마든지 물어보십시오. 아는 대로 대답하겠습니다."

존자 사리불이 존자 마하구치라에게 물었다.

"어떻습니까? 존자 마하구치라여, 늙음이 있습니까?"

마하구치라는 대답하였다.

"있습니다."

"죽음이 있습니까?"

마하구치라는 대답하였다.

"있습니다."

존자 사리불이 또 물었다.

"어떻습니까? 늙음과 죽음은 자기가 지은 것입니까, 다른 사람이 지은 것입니까? 자기와 다른 사람이 함께 지은 것입니까? 혹은 자기도 아니요 남도 아니며 인(因)이 없이 지어진 것입니까?"

마하구치라는 대답하였다.

"존자 사리불이여, 늙음과 죽음은 **자기가 지은 것도 아니요**, 다른 사람이 지은 것도 아니며, 자기와 다른 사람이 같이 지은 것도 아니요, 또한 자기와 다른 사람이 같이 지은 것이 아닌 인이 없이 지어진 것도 아닙니다. 그것은 **태어남을 인연하기 때문에 늙음과 죽음은 있는 것입니다.**"

존자 사리불이 물었다.

"그와 같이 태어남, 존재, 취함, 애욕, 느낌, 접촉, 육입처(六入處)도 마찬가지이며, 명색(名色)은 자기가 지은 것입니까, 다른 사람이 지은 것입니까? 자기와 다른 사람이 같이 지은 것입니까, 자기도 남도 아니요 인이 없이 지어진 것입니까?"

마하구치라는 대답하였다.

"존자 사리불이여, 명색은 자기가 지은 것도 아니요, 다른 사람이 지은 것도 아니며, 자기와 다른 사람이 같이 지은 것도 아니요, 자기나 다른 사람이 지은 것이 아닌 인이 없이 지어진 것도 아닙니다. 그 명색은 식(識)을 인연으로 하여 생기는 것입니다."

존자 사리불이 다시 물었다.

"그러면 그 식(識)은 자기가 지은 것입니까, 다른 사람이 지은 것입니까? 자기와 다른 사람이 지은 것입니까, 자기도 아니요 남도 아닌 인이 없이 지어진 것입니까?"

"존자 사리불이여, 그 식은 자기가 지은 것도 아니요, 다른 사람이 지은 것도 아니며, 자기와 다른 사람이 같이 지은 것도 아니요, 자기나 다른 사람이 지은 것이 아닌 인이 없이 지어진 것도 아닙니다. 그 식은 명색을 인연하여 생기는 것입니다."

존자 사리불이 다시 물었다.

"존자 마하구치라여, 아까 '명색은 자기가 지은 것도 아니요, 다른 사람이 지은 것도 아니며, 자기와 다른 사람이 같이 지은 것도 아니요, 자기와 다른 사람이 같이 지은 것이 아닌 인이 없이 지어진 것도 아니다. 그 명색은 식을 인연하여 생기는 것이다'라고 말씀하시고, 이제는 또 '명색을 인연하여 식이 있다'고 말씀하셨습니다. 이게 무슨 이치입니까?"

존자 마하구치라가 대답하였다.

"지금 비유를 들어 말하겠습니다. 지혜로운 사람은 비유를 들어 말하면 잘 이해하게 됩니다. 비유하면 세 개의 갈대를 빈 땅에 세울 때 서로서로 의지해야 서는 것과 같은 이치입니다. 만일 그 하나를 빼버리면 둘도 서지 못하고, 만일 둘을 다 빼버리면 하나도 또한 서지 못하게 되니, 서로서로 의지해야 서게 되는 것입니다. 식이 명색을 인연하는 것도 또한 이와 같아서 서로서로 의지해야 나서 자라게 되는 것입니다."

존자 사리불이 말하였다.

"훌륭하고 훌륭합니다. 존자 마하구치라여."

2-3. 불이법(不二法)

불이법(不二法)이란

둘이 아닌 법문 즉 하나인 법문이란 뜻이 아니라

이쪽도 아니고 저쪽도 아니라는 법문으로 중도(中道)의 법문을 말한다.

흔히 사람들이 궁금해 하는 세상은 유한한 것일까 무한한 것일까, 창조자는 있는 것일까 없는 것일까, 사후세계는 과연 있는 것일까 없는 것인가… 등의 모든 있고 없음에 대한 이야기(유무有無의 변辯)에 대하여 '알 수도 없고 알 것도 없는' 무익한 생각이라고 일축해 버리는 것이다. 이러한 유무(有無)의 집착(執着)과 분별은 백해무익하므로 이를 버림으로서 해탈을 할 수 있다는 것이다.

이러한 분별에 의한 **상(相)에 집착**함으로서 모든 번뇌와 고통이 생기는바 사실 **모든 현상을 분별이 아닌 방편**으로 보아야 한다는 것이다. 분별로 봄으로서 강을 건넌 후에도 배를 이고 가려는 생각을 하게 되는 것이고 반면에 방편으로 생각하게 되면 배를 버리고 갈 수가 있게 되는 것이다.

방편과 **불방일**은 부처께서 누차 강조하신 불교의 핵심가르침들이다. 이것들의 명확한 의미를 깨우쳐야 불교의 본질을 이해할 수 있는 것이다.

불이법에 대한 경(經)들의 내용은 상당히 어렵다. 나타내고자 하는 의도는 비슷하지만 잘 이해가 안 된다. 그런데 각 경들의 내용을 자세히 보면 결국 하나로 귀결된다. 즉

방편을 이용해 깨닫되 '방편(나)을 **버려라.**'

이것은 결국 **집착을 없애**라는 것이다.

집착이라는 것은 분별로부터 나온다. 그래서 좋아하는 것은 가지고 싶고 싫어하는 것은 없애려고 하는 것이다.

세상 사람들을 두 종류로 나누는 경우 '나의 친구'와 '친구가 아닌 사람'으로 나눌 수 있다. 이때 두 사람이 동시에 어려울 경우 당연히 사람들은 친구를 돕게 된다(어려움에 대한 우선순위의 책정보다는). 그것은 결국 내면에는 내가 어려울 때 내 친구는 나를 선택해 도와주리라는 마음이 깔려있기 때문이다. 흔히 정치권에서 선물(뇌물)에 대해 '대가성 없는' 금전이라는 말을 많이 하는데 자선단체가 아닌 이상에 누가 아무 대가없이 금전을 주겠는가? 이런 사람들이 과연 무슨 일이 있을 때 어떻게 객관적인 판단을 할 수 있겠는가? 이것은 사람들에 대하여 '친구'와 '친구가 아닌 사람'으로 **분별**이 발생하여 나를 버리지 못하게 되는 것이다.

그럼 분별 때문에 친구도 사귀지 말아야 하나? 부모 또는 형제일 경우는?

여기서 '**착한 일하면 복 받고 나쁜 일하면 벌 받는다.**'는 것

을 주장하는 것이다. 죄를 지었는데 친구라고 친족이라고 봐주고 덮어주면 결국엔 그 사람을 더욱 더 나쁜 길로 빠지게 만드는 것이 된다.

행동에 대한 판단의 예로 유명한 것이 도망치는 친구가 집에 들어 왔을 때 이 친구를 숨겨주느냐 아니면 신고하느냐하는 것이다. 이 경우(대개의 경우도 마찬가지이지만) 서양의 사고는 결과에 초점을 맞춘다. 즉 도망친 친구에 대한 처리로 거짓말을 하여 친구를 숨겨주느냐 아니면 신고를 해야 하느냐는 것이 논점이다. 그러나 불교에서는 모든 경우를 전체적으로 보아 결국 친구에게 유리한 방향의 결정을 하는 것이다. 즉 만약 친구가 나쁜 사람들에게 몰리다 도망쳤으면 당연히 거짓말을 하더라도 숨겨주어야 하고 도둑질을 하다가 도망쳤으면 자수를 권해야 할 것이다. 위의 상황을 모르면 일단 숨겨준 후에 상황을 파악 후 행동을 결정해야 할 것이다. 이러한 행위가 결국은 **친구를 잘되게** 하는 방향의 행위여야 하는 것이다.

불경

한 제자가 부처님께 이야기했다.

"부처님이시여 제 생각에 무엇이든지 간에 본 것은 보았다하고, 들은 것은 들었다하며, 생각한 것은 생각했다고 하며 안 것은 안다고 말하는 것은 죄가 되지 않는다고 저는 생각합니다."

부처께서 대답하셨다.

"그대여! 나는 본 것은 모두 말해야 한다고는 말하지 않는
다. 또한 본 것은 모두 말해서는 안 된다고도 말하지 않는
다. 들은 것, 생각한 것, 안 것에 대해서도 말하지 않으면
안 된다고도 말하지 않으며, 말해서는 안 된다고도 말하지
않는다.

나는 말함으로써 만일 악한 일이 더하고 착한 일이 없어진다
면 본 것이라도 말해서는 안 된다고 말한다.

또 말함으로써 악한 일이 없어지고 착한 일이 더해 간다면
본 것을 말하지 않으면 안 될 것이다.

들은 것, 생각한 것, 안 것에 대해서도 말함으로써 악한 일
이 더하고 착한 일이 줄어든다면 말해서는 안 될 것이고 만
일 말함으로써 악한 일이 줄어들고 착한 일이 더해간다면
그것은 말해야만 할 것이다."

유마힐경

그때 유마힐이 여러 보살에게 말하였다.

"여러분, 보살이 어떻게 해서 둘 아닌 법문에 들어가는 것입
니까. 각각 생각나는 대로 말씀해 주십시오."

법자재(法自在)보살이 말했다.

"여러분, 나고 없어지는 것을 둘로 여깁니다만, 법은 본래
나지도 않고 없어질 것도 없나니, 이 무생법인(無生法忍)을

얻는 것이 둘 아닌 법문에 들어가는 것입니다."

또 불현보살이 말했다.

"받는 것과 받지 않는 것을 둘로 여깁니다만, 만일 법을 받지 아니하면 얻을 수 없을 것이며, 얻을 수 없으므로 취할 것도 없고 버릴 것도 없고 지을 것도 없고 행할 것도 없나니, 이것이 둘 아닌 법문에 들어가는 것입니다."

또 선의(善意)보살이 말했다.

"생사와 열반을 둘로 여깁니다만, 만일 생사의 본바탕을 보면 생사가 없어서 얽힘도 없고 풀림도 없고 나는 것도 아니고 멸하는 것도 아니니, 이렇게 아는 것이 둘 아닌 법문에 들어가는 것입니다."

또 희견(喜見)보살이 말했다.

"색과 공을 둘로 여깁니다만, 색이 곧 공이요, 색이 없어진 공이 아니라 색의 바탕이 스스로 공한 것이며, 이와 같이 수(受) 상(想) 행(行) 식(識)도 그러하여 식과 공을 둘로 여깁니다만, 식이 곧 공이요, 식이 없어진 공이 아니라 식의 바탕이 스스로 공한 것이니, 이 가운데서 통달하는 것이 둘 아닌 법문에 들어가는 것입니다."

이렇게 여러 보살들이 제각기 말하여 마치었다.

이에 유마힐거사는 문수사리에게

"어떤 것이 보살의 둘 아닌 법문에 들어가는 법입니까?" 하고 물었다.

문수사리가 말하였다.

"내 생각 같아서는 일체법에 말도 없고 말할 것도 없고 보이
는 것도 없고 알 것도 없어서, 모든 문답을 여의는 것을 둘
아닌 법문에 들어가는 것이라 하겠습니다."

이윽고 문수사리가 유마힐에게 물었다.

"우리들이 제각기 말하였으니 거룩한 이여, 어떤 것이 둘 아
닌 법문에 들어가는 것인지를 말씀해 주십시오."

하지만 유마힐은 입을 다문 채 묵묵히 말이 없었다. 이에 문
수사리 보살이 찬탄하여 말하였다.

"훌륭하십니다. 참으로 훌륭하십니다.

글자도 없고 말까지도 없는 것이 참으로 둘 아닌 법문에 들
어가는 것이기 때문입니다."

유마힐경은 불이법에 대하여 잘 설명한 경전이다. 불이법에
대해 반야경이 또한 잘 설명했는데 그 중에서도 엑기스만 모아
간단명료하게 저술된 것이 반야심경이다.

반야심경(마하반야바라밀다심경)

관자재보살이 깊은 반야바라밀다를 행하실 때에, 다섯 가지
모여 쌓임이 전부가 공한 것을 비추어보고 온갖 괴로움과
재앙에서 벗어났느니라. 사리자여.

물질이 공과 다르지 않고[색불이공 色不異空] 공이 물질과
다르지 않으며[공불이색 空不異色]

물질이 곧 공이요[색즉시공 色卽是空] 공이 곧 물질이니[공
즉시색 空卽是色], 느낌과 생각과 의식 작용과 의식도 또한
그러하니라. 사리자여.

이 모든 법의 공한 모양은 나지도 않고 없어지지도 않으며
더럽지도 않고 깨끗하지도 않으며 늘지도 않고 줄지도 않느
니라.

그러므로 공 가운데에는 물질도 없고 느낌과 생각과 의지작
용과 의식도 없으며, 눈과 귀와 코와 혀와 몸과 뜻도 없으
며 형체와 소리와 냄새와 의식의 대상도 없으며, 눈의 경계
도 없고 의식의 경계까지도 없으며 맛과 감촉과 무명(無明)
도 없고

또한 무명이 다함도 없으며 늙고 죽음도 없고 또한 늙고 죽
음이 다함까지도 없으며, 괴로움과 괴로움의 원인과 괴로움
이 없어짐과 괴로움을 없애는 길도 없으며 지혜도 없고 얻
음도 없느니라.

얻을 것이 없는 까닭에 보살은 반야바라밀다에 의지하므로
마음에 걸림이 없고 두려움이 없어서 뒤바뀐 헛된 생각을
아주 떠나 완전한 열반에 들어가며 과거 현재 미래의 모든
부처님도 이 반야바라밀다를 의지하므로 아뇩다라삼먁삼보
리를 얻느니라.

이것이 그 유명한 반야심경이다.

일반적으로 대중에게 잘 알려진 법문 중에 색즉시공(色卽是空) 공즉시색(空卽是色)이 있다.

색즉시공(色卽是空)의 본뜻은 색(色)을 멸(滅)해서 공(空)이 된 것이 아니라 색의 성(性) 자체가 스스로 공한 것이다. 생하지도 않은 것[불생 不生]을 생(生)했다고 하니 멸(滅)한다 할 수밖에 없다. 즉 스스로 불생불멸(不生不滅)인 것이다.

법(法)도 마찬가지이다. 억지로 공(空)하게 말 것이니 법(法)은 성 자체가 스스로 공(空)한 것이다. 즉 생하지 않은 것이다. 그러면 생기지도 않은 법을 어찌 전하겠는가? 그것은 방편이다. 그러니 방편은 쓰고 버려야 한다(마치 강을 건넌 후에는 배를 버리듯). 버리지 못하니까 진실로 착각하여 분별이 생기고 따라서 번뇌가 생기는 것이다.

불이법은 참으로 어려운 법문이다. 이러한 어려운 이치를 어찌하면 깨우칠 수 있겠는가?

불교에서는 돈오점수(頓悟漸修)란 말이 있다.

돈오는 단박에 깨우침이고 점수는 점진적으로 수련하여 깨우치는 것이다.

부지런히(불방일) 노력하고 노력하다 보면 어느 순간에 깨우치고 다시 또 노력하고 그러다 보면 다시 깨우치고 이러한 과정을 수없이 반복해야 하는 것이다.

그래서 이것을 재오삼수(再悟三修)라 칭하고 싶다.

돈오점수에 관하여 중국 선가(禪家)의 전법(傳法)에 유명한 일화가 있다. 그 내용은 선가의 6조 혜능과 신수에 대한 이야기이고 이 역시 도를 중시하는 중국의 사상이 가미된 것을 잘 알 수 있다.

부처께서 설하신 법문 중에 일반인에게 가장 어렵고 다가가기 힘든 이해하기도 힘든 법문이 바로 불이법(不二法)이다.

일반인이 생각하는 것보다 훨씬 난해하고 철학적인 생각을 요하는 대목이 무척 많다.

그러나 그 뜻을 정확하게 알고 이해한다면 그 법 역시 방편의 범주에 있다는 것을 알게 될 것이다.

우리에게 분별을 일으키는 모든 것이 본래는 아무 것도 아니라는 것, 그러나 이러한 아무 것도 아닌 것을 설명하기 위해 방편이라는 '있는 것'을 이용했다는 것은 참으로 쉽고도 어려운 대목이다.

요점은 '뒤바뀐 생각'을 하지 말라는 것이다. 이 뒤바뀐 생각을 함으로서 번뇌가 생기고 고통이 뒤따른다는 것이다.

따라서 '결과적으로 좋은 것'에 대해 무엇이 뒤바뀌지 않은 바른 생각[正見]이냐가 정말 중요하다.

무척이나, 정말로 무척이나 **효율**적인 설법이다.

이러한 효율과 실용성을 강조한 불법에는 또 다른 것이 있는데 그것은 바로 '법보시'이다.

금전으로 사람을 구제하면 몇 명만 구제할 수 있으나 진리를 많은 사람에게 퍼뜨리면 아주 효율적인 선행이 되는 것이다.

한 개의 촛불을 가지고 자신의 불을 잃음이 없이 수많은 초에게 불을 전해줄 수 있는 것과 같이 법보시야말로 자신의 지혜를 잃음이 없이 수많은 사람에게 지혜를 나누어주는 것이다.

얼마나 **실용적이고 효율적** 가르침인가!!!!!

부록

주요 경전들

팔만대장경과
수많은 설법들은
결국 방편이니 그 속에서 진리를 찾아라.

보적경(寶積經) -. 가섭품(迦葉品)

온갖 애욕에 물들고 분노에 떨고 어리석음으로 인하여 아득
하게 되는 것은 어떠한 마음인가, 이것은 과거인가 미래인
가 현재인가.

과거의 마음이라면 그것은 이미 사라진 것이다. 미래의 마음
이라면 아직 오지 않은 것이고, 현재의 마음이라면 머무르
는 곳이 없다.

마음은 안에 있는 것도 아니고 밖에 있는 것도 아니며 또한
다른 곳에 있는 것도 아니다.

마음은 형체가 없어 눈으로 볼 수도 없고 만질 수도 없고 나
타나지도 않고 인식 할 수도 없고 이름 붙일 수도 없는 것
이다.

마음은 어떠한 여래도 일찍이 본 일이 없고 지금도 보지 못
하고 장차도 볼 수 없을 것이다.

그와 같은 마음이라면 그 작용은 어떤 것일까.

마음은 환상과 같아 허망한 분별에 의해 여러 가지 형태로
나타난다.

마음은 바람과 같아 멀리 가고 붙잡히지 않으며 모양을 보이
지 않는다.

마음은 흐르는 강물과 같아 멈추는 일 없이 나자마자 곧 사
라진다.

마음은 등불의 불꽃과 같아 인(因)이 있어 연(緣)이 닿으면 불이 붙어 비춘다.

마음은 번개와 같아 잠시도 머물지 않고 순간에 소멸한다.

마음은 허공과 같아 뜻밖의 연기로 더럽혀진다.

마음은 원숭이와 같아 잠시도 그대로 있지 못하고 여러 가지로 움직인다.

마음은 화가와 같아 여러 가지 모양을 나타낸다.

마음은 한 곳에 그대로 머물지 않고 서로 다른 의혹을 불러 일으킨다.

마음은 혼자서 간다. 두 번째 마음이 결합되어 함께 있는 것이 아니다.

마음은 왕과 같아 모든 것을 통솔한다.

마음은 원수와 같아 온갖 고뇌를 불러일으킨다.

마음은 모래로 쌓아 올린 집과 같다. 무상한 것을 영원한 것으로 생각한다.

마음은 쉬파리와 같아 더러운 것을 깨끗한 것으로 생각한다.

마음은 낚싯바늘과 같아서 괴로움인 것을 즐거움인 것으로 생각한다.

마음은 꿈과 같아 내 것이 아닌 것을 내 것처럼 생각한다.

마음은 적과 같아 항상 약점을 기뻐하며 노리고 있다.

마음은 존경에 의해서 혹은 분노에 의해 흔들리면서 교만해지기도 하고 비굴해지기도 한다.

마음은 도둑과 같아 모든 선근(善根)을 훔쳐간다.

마음은 불에 뛰어든 불나비처럼 아름다운 빛깔을 좋아한다.

마음은 싸움터의 북처럼 소리를 좋아한다.

마음은 썩은 시체의 냄새를 탐하는 멧돼지처럼 타락의 냄새
를 좋아한다.

마음은 음식을 보고 침을 흘리는 혀처럼 맛을 좋아한다.

마음은 기름접시에 달라붙는 파리처럼 감촉을 좋아한다.

이와 같이 남김없이 관찰해도 마음의 정체는 알 수 없다. 즉
찾을 수 없는 것이다.

얻을 수 없는 그것은 과거에도 없고 미래에도 없고 현재에도
없다. 과거나 미래나 현재에 없다는 것은 삼세를 초월해 있
다는 것이다.

삼세를 초월한 것은 유도 아니고 무도 아니다.

유도 아니고 무도 아닌 것은 생기는 일이 없다.

생기는 일이 없는 것에는 그 자성(自性)이 없다.

자성이 없는 것에는 일어나는 일이 없다.

일어나는 일이 없는 것에는 사라지는 일이 없다.

사라지는 일이 없는 것에는 지나가 버리는 일이 없다.

지나가 버리지 않는다면 거기에는 가는 일도 없고 오는 일
도 없다.

죽는 일도 없고 태어나는 일도 없다.

가고 오고 죽고 나는 일이 없는 것에는 어떠한 인과(因果)

의 생성도 없다.

인과의 생성이 없는 것은 변화와 작위(作爲)가 없는 무위(無爲)다. 그것은 성인들이 지니고 있는 타고난 본성인 것이다.

그 타고난 본성은 허공이 어디에 있건 평등하듯이 누구에게나 평등하다.

타고난 본성은 모든 존재가 마침내는 하나의 본질이라는 점에서 차별이 없는 것이다.

그 본성은 몸이라든가 마음이라는 차별에서 아주 떠나 있으므로 한적하여 열반의 길로 향해 있다.

그 본성은 어떠한 번뇌로도 더럽힐 수 없으므로 무구(無垢)하다.

그 본성은 자기가 무엇인가를 한다는 집착, 자기 것이라는 집착이 없어졌기 때문에 내 것이 아니다.

마음의 본성은 진실한 것도 아니고 진실하지 않은 것도 아니다.

결국은 어디에도 치우치지 않는 점에서 평등하다.

그 본성은 가장 뛰어난 진리이므로 이 세상을 초월한 것이고 참된 것이다.

그 본성은 본질적으로 생겨난 것이 아니므로 없어지는 일도 없다.

그 본성은 존재의 여실(如實)함으로 인하여 항상 있으므로 영원한 것이다.

그 본성은 가장 수승(殊勝)한 열반이므로 즐거움이다.

그 본성은 온갖 더러움이 제거되었으므로 맑은 것이다.

그 본성은 찾아보아도 자아가 있지 않기 때문에 무아(無我)다.

그 본성은 절대 청정한 것이다.

그러므로 안으로 진리를 구할 것이고 밖으로 흩어져서는 안된다.

누가 내게 성내더라도 마주 성내지 않고,

두들겨 맞더라도 마주 두들기지 않고,

비난을 받더라도 마주 비난하지 않고,

비웃음을 당하더라도 비웃음으로 대하지 않는다.

자기의 마음속으로

'도대체 누가 성냄을 받고

누가 두들겨 맞으며

누가 비난하고

누가 비웃음을 당하는 것인가' 라고 되살핀다.

수행인은 이와 같이 마음을 거두어 어떠한 환경에서라도 흔들림이 없어야 한다.

불경(佛經)

어떤 사람(외교도)이 부처님에게 욕을 하고 막말을 심하게
하였다. 그런데 부처님은 가만히 듣고만 계셨다.
이에 한 제자가 부처에게 물었다.
 "부처님 욕을 먹고도 왜 가만히 계십니까?"
부처께서 대답하시기를
 "누가 너에게 물건을 주는데 네가 그것을 받지 않으면 그
 물건은 누구의 것이 되느냐?"
 "그야 주려던 사람 것이겠죠."
 "비난이나 욕도 마찬가지이니라. 그것을 받지 않고 대응을
 하지 않으면 결국 본인에게 돌아가는 법이다."

금강경

부처께서 제자들에게 말씀하셨다.

"대보살들은 꼭 다음과 같이 마음을 다스려야 하느니라.

이 세상의 온갖 생명체들 이를테면 알에서 태어났거나[난생 卵生] 태에서 태어났거나[태생 胎生] 습기에서 태어났거나 [습생 濕生] 갑자기 변화하여 태어났거나[화생 化生] 하늘 나라의 색계, 무색계에 태어났거나 무색계 하늘 중 유상천, 무상천, 비유상비무상천에 태어났거나 모두 내가 저 영원한 부처님 세계에 들도록 인도하리라.' 라고 서원 세우라. 이 와 같이 헤아릴 수 없는 생명체들을 부처님 세계로 인도하 는데 실지로는 인도를 받은 중생이 없느니라. 어떤 까닭이 겠느냐?

수보리야, 만약에 보살이 자기가 제일이라는 모습 즉, 아상 (我相)이 있다거나 나와 남을 나누어서 보는 모습 즉, 인상 (人相)이 있다거나 재미있고 호감 가는 것만을 본능적으로 취하는 모습 즉, 중생상(衆生相)이 있다거나 영원한 수명을 누려야 하는 모습 즉, 수자상이 있다면 이는 보살이 아니 기 때문이니라.

또한 수보리야, 보살은 반드시 대상에 매이지 말고 보시를 하여야 하느니라

[무주상 보시 無住相 報施].

138

이른바 형색, 소리, 냄새, 맛, 촉감, 기존 관념 이런 것을 떠나서 보시할지니라.

수보리야, 보살은 꼭 이와 같이 보시하면서 자기가 보시를 한다는 생각도 내지 말지니라

　[응무소주 이생기심 應無所住 而生其心].

왜냐하면 만약에 보살이 자기가 보시를 한다는 생각 없이 보시를 하면 그 복덕이 헤아릴 수 없이 크기 때문이니라.

수보리야 어떻게 생각하느냐? 동쪽 허공의 크기를 가히 생각으로 헤아릴 수 있겠느냐?"

"헤아릴 수 없습니다. 부처님이시여."

"남, 서, 북, 남서, 남동, 북서, 북동, 상, 하, 곧 이들의 허공의 크기를 가히 생각으로 헤아리겠느냐?"

"헤아릴 수 없습니다. 부처님이시여."

"수보리야, 보살이 자기가 한다는 생각 없이 보시한 복덕도 이처럼 엄청나서 가히 생각으로 헤아릴 수 없느니라. 수보리야, 보살은 이처럼 반드시 가르쳐 준 대로만 마음을 내고 생활할지니라."

부처님께서 또 수보리에게 말씀하셨다.

"수보리야, 너의 생각은 어떠하냐? 몸의 형색을 보고 참 부처님을 알 수 있다고 생각하느냐?"

"모릅니다. 부처님이시여. 몸의 형색을 보고는 참 부처님을 알 수 없습니다. 왜냐하면 부처님께서 말씀하신 몸의 형색

은 곧 몸의 형색이 아니기 때문입니다."

"존재하고 있는 모든 정신적, 물질적인 것은 실체가 없고 끊임없이 변하는 것이니 만일 이와 같은 줄을 알면 부처님 세계를 보리라."

수보리가 부처님께 사뢰었다.

"부처님이시여, 중생들이 이와 같은 4구게(句偈)의 말씀을 듣고 실지로 믿으오리까?"

부처님이 수보리에게 말씀하셨다.

"그런 말 하지 마라. 내가 육신의 몸을 버리고 진리의 세계로 든 뒤 이천오백 년 후에라도 수계하고 복을 닦는 자가 있으면 능히 이 4구게에 신심을 내어 이를 진실한 것으로 여기리라. 마땅히 알라. 이 사람은 한 부처님이나 두 부처님이나 셋, 넷, 다섯 부처님에게서만 선근을 심은 것이 아니라, 이미 한량없는 부처님께 여러 선근을 심었으므로 이 4구게를 듣고 한 생각에 깨끗한 믿음을 내느니라.

수보리야, 여래는 중생들이 깨끗한 믿음을 내는 무량복덕을 얻는 줄을 다 알고 다 보느니라. 왜냐하면 깨끗한 믿음을 낸 중생들은 다시는 자기가 제일이라는 모습[아상 我相]이 없으며 나와 남을 나누어서 보는 모습[인상 人相]이 없으며 재미있고 호감 가는 것만을 본능적으로 취하는 모습[중생상 衆生相]이 없으며 영원한 수명을 누려야지 하는 모습[수자상 壽者相]이 없기 때문이니라. 또한 이들에게는 객관의 대상[법상 法相]도 없으며 대상 아닌 모습[비법상 非法相]도 없느니라.

왜냐하면 만일 중생들의 마음에 생각을 가지면 곧 아상, 인상, 중생상, 수자상을 가짐이 되며 만약 법상을 취하더라도 곧 아상, 인상, 중생상, 수자상을 가지게 되느니라. 법 아닌 상을 취하더라도 이는 곧 아상, 인상, 중생상, 수자상을 가지게 되는 셈인데 하물며 법상이랴!

그러므로 마땅히 객관의 대상에도 매이지 말며 대상 아닌 모습에도 매이지 말지니라. 이런 이유로 내가 항상 이르되 나의 설법을 뗏목에 비유하였느니라.

법도 버려야 하는데 하물며 비법에 매여서 되겠느냐.

　법상응사 하황비법(法尙應捨 何況非法)"

"수보리야 너는 어떻게 생각하느냐? 여래가 부처님 세계를 얻었다고 생각하느냐? 여래가 설한 법이 있다고 생각하느냐?" 수보리가 아뢰었다.

"제가 부처님의 말씀하신 뜻을 알기로는 부처님 세계라고 이름 부를만한 일정한 법이 없으며, 여래께서 설하셨다고 할 만한 일정한 법도 없습니다.

왜냐 하오면 여래께서 설하신 법은 다 취할 수도 없으며, 다 말할 수도 없으며, 법도 아니고 법이 아님도 아니기 때문입니다.

그것은 모든 현인이나 성인들이 다 무위법 가운데 여러 가지 차별이 있는 이유이옵니다."

"수보리야, 어떻게 생각하느냐? 만약 어떤 사람이 삼천대천 세계에 칠보를 가득히 쌓아서 보시를 한다면 이 사람의 지은 복덕이 많지 않겠느냐?"

수보리가 대답하였다.

"매우 많겠습니다, 부처님이시여. 왜냐하면 이 복덕은 참다운 복덕의 성질이 아니기 때문에 여래께서 복덕이 많다 하셨습니다."

"만약 또 어떤 사람이 이 경 가운데서 4구게(句偈) 만이라도 받아 지니고 다른 사람을 위하여 말하여 주면 그 복덕은 저 칠보를 보시한 복덕보다 더 나으리니, 왜냐하면 일체의 모든 부처님과 모든 부처님의 아뇩다라삼먁삼보리법이 모두 이 경에서 나왔기 때문이니라. 수보리야, 불법이라는 것은 곧 불법이 아니니라."

"수보리야 어떻게 생각하느냐? 수다원이 능히 '내가 수다원 과를 얻었다.' 는 생각을 가지겠는가?"

수보리가 사뢰었다.

"아니옵니다. 부처님이시여. 왜냐하면 수다원은 성인의 류 (流)에 든다는 말이오나 실로는 들어간 바가 없습니다. 형상이나 소리, 냄새, 맛, 닿임, 법에 물들지 아니한 까닭에 이름을 수다원이라 할 뿐입니다."

"수보리야, 어떻게 생각하느냐? 사다함이 능히 '내가 사다함

142

과를 얻었다.' 는 생각을 가지겠느냐?"

수보리가 사뢰었다.

"아니옵니다. 부처님이시여. 왜냐하면 사다함은 한 번 갔다
온다는 말이오나 실로는 가고 옴이 없을 때, 이름을 사다함
이라 합니다."

"수보리야, 어떻게 생각하느냐? 아나함이 능히 '내가 아나함
과를 얻었다.'는 생각을 가지겠느냐?"

수보리가 사뢰었다.

"아니옵니다. 부처님이시여. 왜냐하면 아나함은 갔다 오지
않는다는 말이오나 실로는 오지 않음이 없을 때, 이름을 아
나함이라 하옵니다."

"수보리야, 어떻게 생각하느냐? 아라한이 능히 '내가 아라한
과를 얻었다'는 생각을 가지겠느냐?"

수보리가 사뢰었다.

"아니옵니다. 부처님이시여. 왜냐하면 실로는 법이 있지 않
는 까닭에 아라한이라 이름 부를 뿐입니다. 부처님이시여.
만약 아라한이 '내가 아라한과를 얻었다.' 하면 곧 아상,
인상, 중생상, 수자상에 걸리기 때문입니다.

부처님이시여. 부처님께서는 제가 번뇌와 다툼을 여읜, 삼매
를 얻은 사람 가운데에서 가장 제일이라 하셨습니다. 이는
욕심을 떠난 아라한 가운데 제일이라는 말씀이오나 부처님
이시여, 저는 '내가 욕심을 떠난 아라한이다.' 하는 생각을

갖지 않습니다. 부처님이시여. 제가 만약 아라한(阿羅漢)도를 얻었다는 생각을 가졌다면 부처님께서는 '수보리가 아란나(阿蘭那 한적한 숲의 외딴 처소))행(숲속의 삶)을 좋아하는 자' 라고 말씀하시지 않았을 것이오니, 실은 제가 그러지 않았으므로 '수보리는 아란나행을 좋아한다.'고 하셨습니다."

부처님께서 말씀하셨다.

"수보리야, 어떻게 생각하느냐? 여래가 옛적에 연등 부처님 처소에서 법을 얻은 바가 있다고 생각하느냐?"

"아니옵니다. 부처님이시여. 여래께서 연등 부처님 처소에 계실 적에 실로 얻은 바가 없습니다."

"수보리야 어떻게 생각하느냐? 보살들이 불국토를 장엄한다고 생각하느냐?"

"아니옵니다. 부처님이시여. 왜냐하면 불국토를 장엄한다는 것은 곧 장엄이 아니므로 장엄이라 부르나이다."

"그러므로 수보리야, 모든 대보살들은 꼭 다음과 같이 청정한 마음을 낼지니 즉, 형상에 머물러서 마음을 내지도 말고, 소리, 냄새, 맛, 닿임, 법에 머물러서 마음을 내지도 말아야 하나니 마땅히 아무데도 집착하는 바 없이 그 마음을 낼지어다.

수보리야, 비유컨대 어떤 사람의 몸이 수미산만하다면, 어떻게 생각하느냐? 몸이 크다고 하겠느냐?"

수보리가 말씀드리기를

"매우 크옵니다. 부처님이시여. 왜냐하면 부처님께서 참다운
진리적 몸이 아닌 몸을 말씀하시기 때문에 큰 몸이라 부르
신 것이옵니다."

대승보운경(大乘寶雲經)

색(色)을 항상(恒常)인 것도 아니고 또한 항상(恒常)이 아닌 것[무상 無常]도 아니라고 관찰(觀察)한다. 이것을 중도진실정관(中道眞實貞觀)이라 한다. 또 수상행식(受想行識)이 우리 몸을 구성하는 지수화풍(地水火風)도 역시 항상도 아니요 또한 무상도 아니라고 관한다. 이것을 중도진실정관이라 한다.

무슨 까닭인가?

상(常)도 한 쪽 만을 보는 일변(一邊)이요 무상(無常)도 또한 일변이나 상과 무상 이중에는 실제물인 색(色)도 없고 형(形)도 없으며 밝음도 없고 아는 것도 없다. 이것이 모든 법의 중도실관(中道實觀)이다.

아(我 내가 있다는)도 일변(一邊)이요 무아(無我 내가 없다는)도 일변(一邊)이나 아와 무아 이중에는 색도 없고 형도 없으며 밝음도 없고 아는 것도 없다. 이것이 모든 법의 중도실관이다.

마음이 실(實)하다는 것도 일변이요 마음이 실하지 않다는 것도 일변이나 만일 심식(心識)과 심수법(心數法)이 없으면 이것이 모든 법의 중도실관이다.

이와 같이 선법(善法)과 불선법, 세법(世法)과 출세법, 유죄법(有罪)과 무죄법, 유루법(有漏)과 무루법, 유위(有爲)법과 무위법 내지 유구법(有垢法)과 무구법(有垢法)도 그와 같아서 있기도 하고 없기도 하다는 이러한 이변(二邊)을 여의면 받지도 못하고 설하지도 못한다. 이것이 모든 법의 중도실관이다.

내가 말한 12인연에도 명(明)과 무명이 둘도 아니요 다르지도 아니하니 이렇게 아는 것을 모든 법의 중도실관이라고 한다.

이와 같이 행(行)과 비행, 식(識)과 소식(所識), 명색(名色)의 가히 볼 수 있는 것과 볼 수 없는 것, 六입처와 6신통, 촉(觸)과 소촉(所觸), 수와 수멸(滅), 애와 애멸, 취(取)와 취멸, 유(有)와 유멸, 생(生)과 생멸, 노사와 노사멸에도 모두 둘도 아니오 다른 것도 없다. 이렇게 아는 것을 모든 법의 중도실관이라고 한다.

진실히 관(관찰하는)하는 자는 공(空)하기 때문에 모든 법으로 하여금 공하게 말 것이니 법성은 스스로 공한 것이다. 무상(無相)이기 때문에 법으로 하여금 무상하게 말 것이니 법성은 스스로 무상인 것이다. 무원(無願)이기 때문에 법으로 하여금 무원하게 말 것이니 법성은 스스로 무원인 것이기 때문이다.

기(起 일어남)도 없고 생(生 태어남)도 없고 아(我 개인)도 없고 성(性)도 없고 취(取)도 없기 때문에 모든 법으로 하여금 기도 없고 취도 없고 성도 없게 말 것이니 법성은 스스로 기도 없고 취도 없고 성도 없는 것이다. 이렇게 관하는 것이 진실히 관하는 것이다. 사람이 없으므로 공(空)이라는 것이 아니다.

다만 공(空)이 스스로 공(空)하여 전제(前際 전생)도 공하고 후제(後際 미래)도 공하고 중제(中際 현재)도 공한 것이니 마땅히 공에 의(依 의지)하고 사람에 의하지 말라.

만일 공을 얻었다 하여 공에 의지한다면 이것은 불법(佛法)에 커다란 퇴타(退墮 후퇴)가 되는 것이다. 차라리 아견(我見)을 수미산같이 일으킬지언정 공견(空見)으로 증상만(增上慢 자만)을 일으키지 말라. 왜냐하면 일체 모든 견(見)은 공으로서 해탈하지마는 만일 공견을 일으키면 그것은 없앨 도리가 없는 것이다. 비유하면 의사가 병자에게 약을 주어서 병을 없애지마는 만약 약이 속에 있어 나오지 않는다면 그 사람의 병은 점점 더할 것이니 일체 모든 견(見)은 공(空)으로 없애지마는 만일 공견(空見)을 일으키면 없앨 도리가 없다.

원각경

"부처님이시여, 만약 중생들이 본래 성불이라면 어찌하여 다
시 온갖 무명이 있습니까?

만약 모든 무명(無明)이 중생에게 본래 있다면 무슨 인연으
로 여래께서는 다시 본래 성불이라고 말씀하십니까? 시방의
다른 중생들이 본래 불도를 이루고 후에 무명을 일으킨다
면, 일체 여래께서는 어느 때에 다시 일체 번뇌를 내시게
됩니까?

저의 제자들이 모든 한 마음으로 오직 원하오니 막힘이 없는
대자비심(大慈悲心)를 버리지 마시고 모든 보살들을 위하여
이와 같은 진리의 요의(了義)법문을 듣고 영원히 의심을 끊
게 해주소서."

금강장보살께서는 이렇게 말하고는 부처님 앞에 오체투지하
고 이와 같이 세 번 거듭 청하였다.

그때 부처님께서 금강장보살에게 말씀하셨다.

"착하고 착하도다! 착한 남자여. 그대들이 능히 모든 보살들
과 말세 중생들을 위해서 여래에게 깊고 깊으며 비밀스러운
구경(究竟) 방편을 묻는구나.

이는 모든 보살들의 최상의 가르침인 요의(了義 깨달음) 대
승인지라, 능히 시방 세계의 수련(修練)하는 보살과 모든
말세 일체 중생들로 하여금 결정한 믿음을 얻어서 길이 의

심을 끊게 하니, 그대는 이제 자세히 들어라. 마땅히 그대를 위하여 설하리라."

이에 금강장보살이 가르침을 받들어 기뻐하면서 모든 대중들과 조용히 들었다.

"착한 남자들이여, 모든 세계의 시작하고 마치고 생기고 멸하고 앞서고 뒤지고 있고 없고 모이고 흩어지고 일어나고 그침이 생각과 또 생각에 상속하여 순환 왕복함에 갖가지로 집착하고 버리는 것이 다 윤회이니라.

윤회에서 벗어나지 않고 **원각을 변별**하면 그 원각(圓覺)의 정성(情性)이 곧 **한가지로 유전(流轉)하리니**, 만약 윤회를 면한다면 옳지 못하리라.

비유하면 움직이는 눈이 능히 잔잔한 물을 요동시키는 것과 같으며, 또 움직이지 아니하는 눈이 회전하는 불을 따라서 도는 것과 같다. 구름이 지나감에 달이 움직이는 것과, 배가 지나감에 언덕이 움직이는 것도 또한 이와 같으니라(반연 攀緣. 상대방이 욕해도 가만히 있으면 즉 반연하지 않으면 결국 유전에서 벗어나게 되는 것이다. 보적경 참조 - 편자 註).

착한 남자여, 모든 움직이는 것이 쉬지 아니함에 저 물건이 먼저 머문다는 것도 오히려 얻지 못하거늘, 어찌 하물며 생사에 윤전(輪轉 윤회와 회전)하는 때 묻은 마음이 일찍이 청정하지 아니하고 부처님 원각을 관함에 뒤바뀌지 아니하

겠는가. 이런 까닭에 그대들이 다시 세 가지 미혹을 일으키
는 것이니라.

착한 남자여, 비유하면 환(幻 환영)의 가림으로 망령되이 허
공 꽃을 보았다가 환의 가림이 만약 없어지면, 이 환의 가
림이 이미 멸했으니 어느 때에 다시 일체 모든 환의 가림을
일으키는 가라고 말하지 말라.

무슨 까닭인가? 환의 가림과 허공 꽃 두 가지가 상대(相對)
가 아니기 때문이다.

또 허공 꽃이 허공에서 멸할 때에 허공이 어느 때에 다시 허
공 꽃을 일으키는 가라고 말하지 말라.

그것은 무슨 까닭인가? 허공에는 본래 꽃이 없어서, 일어나
고[起] 멸(滅)하지 않기 때문이다. 생사와 열반은 한가지로
일어나고 멸하거니와, 묘각이 뚜렷이 비춤에는 꽃도 가림도
여의느니라.

착한 남자여, 마땅히 알라. 허공이 잠시도 있는 것이 아니며
또한 잠시도 없는 것이 아니거늘, 하물며 다시 여래의 원각
이 수순해서 허공의 평등한 본성이 됨이겠는가.

착한 남자여, 금광석을 녹임에 금은 녹여서 있는 것이 아니
며 이미 금을 이루고 나면 다시 광석이 되지 아니한다. 끝
없는 시간이 지나도록 금의 성품은 무너지지 않으니, 마땅
히 본래 성취된 것이 아니라고 말하지 말라. 부처님의 원각
도 또한 다시 이와 같으니라.

착한 남자여, 일체 여래의 묘한 원각의 마음은 본래 보리와 열반이 없으며, 또한 성불과 성불하지 못함이 없으며, 망령된 윤회와 윤회가 아닌 것도 없느니라.

착한 남자여, 단지 모든 성문들이 원만히 한 경계도 몸과 마음과 말이 다 끊어져서 마침내 제가 친히 증득하여 나타난 열반에 이르지 못한다. 그러하거늘 어찌 하물며 능히 사유하는 마음으로 여래의 원각경계(圓覺 境界)를 헤아릴 수 있겠는가?

마치 반딧불이의 불로써 수미산을 태움에 마침내 그럴 수 없는 것과 같이, 윤회하는 마음으로써 윤회의 견해(見解)를 내어 여래의 대적멸 바다에 들어간다면 마침내 능히 이르지 못하느니라. 이런 까닭에 내가 설하기를, '일체 보살들과 말세 중생들이 먼저 비롯함이 없는 윤회의 근본을 끊으라.'고 하느니라.

착한 남자여, 지음이 있는 사유는 유위의 마음[有心]에서 일어나는 것이니 다 육진의 망상 인연 기운이요, 실제 마음의 체는 아니다.

그것은 이미 허공 꽃과 같으니 이러한 사유를 사용해서 부처님 경계를 분별한다면, 마치 허공(虛空) 꽃에다 다시 허공과 일을 맺는 것과 같아서 망상만 점점 더해질 뿐이니, 옳지 못하느니라.

착한 남자여, 허망하고 들뜬 마음이 공교한 견해가 많아서

능히 원각방편을 성취하지 못하니 이와 같은 분별은 바른
물음이 아니니라."

능엄경

부처님께서 애제자인 아난에게 이르시기를

"모든 중생이 시작이 없는 과거로부터 갖가지로 뒤바뀌어서 그 업의 씨앗이 자연 나쁜 야차의 열매와 같이 한데 모여 있으며, 모든 수행하는 사람들이 위없는 보리를 이루지 못하고 이에 별도로 성문(聲聞)이나 연각(緣覺)을 이루며, 외도와 하늘과 마왕과 마구니(잡생각, 번뇌)의 권속이 되기도 하니 이 모두가 두 가지의 근본을 알지 못하고 뒤섞여 어지럽게 닦아 익혀왔기 때문인데, 이는 마치 모래를 삶아서 좋은 음식을 만들려는 것과 같아서 비록 티끌 같이 많은 겁[진겁 塵劫]의 세월을 지낸다 하더라도 마침내 이룰 수 없게 되는 것이다.

그 두 가지 근본이란 무엇인가? 아난아! 하나는 시작이 없는 나고 죽음의 근본이니 네가 지금 모든 중생들과 더불어 얽힌 인연의 마음을 가지고 자성이라고 생각하는 것이 그것이요, 둘째는 시작이 없는 보리와 열반의 원래 청정한 본체이니 이는 지금 너의 원래부터 밝은 식정(識精)이 모든 인연을 만드는데 그 인연으로 인하여 본래의 참다운 마음을 잃어버리는 것이다.

여러 중생을 이렇게 본래부터 밝았던 마음을 잃어버렸기 때문에 비록 종일토록 행하여도 스스로 깨닫지 못하고 잘못 여러 갈래의 중생 세계로 빠져들게 되느니라.

아난아! 네가 지금 사마타의 길을 알아서 생사에서 벗어나려
고 하니 지금 다시 너에게 묻겠노라."

부처께서 그렇게 말씀하시고 그 자리에서 즉시 팔을 들어 다
섯 손가락을 구부리고 아난에게 말씀하시기를

"너는 이것이 보이느냐 안 보이느냐?"

아난이 대답하기를

"보입니다."

부처님이 말씀하시기를

"너는 무엇을 보느냐?"

아난이 대답하기를

"제가 여래께서 팔을 들고 손가락을 구부려 빛나는 주먹을
만들어서 저의 마음과 눈에 비추임을 보옵니다."

부처님께서 말씀하시기를

"네가 무엇으로 보느냐?"

아난이 대답하기를

"저와 대중들은 다 같이 눈으로 보옵니다."

부처님께서 아난에게 이르시기를

"네가 지금 나에게 대답하기를 '여래가 손가락을 구부려 빛
나는 주먹을 만들어서 네 마음과 눈에 비춘다.'고 하니 네
눈은 보겠다마는 무엇을 마음이라 하여 나의 주먹이 비추임
을 받느냐?"

아난이 대답하기를

"여래께서 지금 마음이 있는 곳을 물으시므로 제가 마음을
미루어 찾아보았사오니 이렇게 추궁하는 놈을 저는 마음이
라고 생각하옵니다."

부처님께서 말씀하시기를

"아니다. 아난아! 그것은 네 마음이 아니니라."

아난이 흠칫 놀라면서 자리를 비키고 합장하며 일어서서 부
처님께 아뢰기를

"이것이 저의 마음이 아니라면 무엇이라 해야 하겠습니까?"

"그것은 앞에 나타난 허망한 모양의 생각이다. 너의 참다운
성품을 현혹시키는 것이니 이는 네가 시작이 없는 과거로부
터 지금에 이르기까지 도적을 아들로 인정하고 있어서 너의
본래 떳떳한 마음을 잃어버렸기 때문이 나고 죽는 세계를
윤회하고 있느니라."

아난이 부처님께 아뢰기를

"부처님이시여! 저는 부처님의 사랑하는 아우입니다. 마음으
로 부처님을 사랑하였으므로 저를 출가하게 하였으나 저의
마음이 어찌 여래만을 공양하오리까?

항하의 모래와 같이 많은 국토를 두루 돌아다니면서 여러 부
처님과 훌륭하신 스승님을 섬기는 것과 큰 용맹을 발해서
모든 행하기 어려운 일들을 행하는 것도 모두가 이 마음으
로 할 것이며, 비록 법을 비방하고 훌륭한 근기에서 영원히

물러난다 하더라도 역시 이 마음일 따름인데 만약 이렇게 발생하는 분명한 것을 마음이 아니라고 그렇게 말씀하신다면 그것은 저는 마음이 없음이 마치 토목(土木)과 같은 것일 것입니다.

이 (마음으로)깨닫고 알고 하는 것을 여의면 다른 것이 있을 수 없으리니 어찌하여 여래께서는 저의 마음이 아니라고 말씀하십니까? 저는 사실 놀랐사오며 아울러 여기 모인 대중들도 의혹하지 않을 수 없사오니 부처님이시여 바라옵건대 큰 자비를 베푸시어 깨닫지 못하는 사람들을 깨우쳐 주시옵소서."

그때에 부처님께서 아난과 여러 대중(大衆)에게 열어 보여서 그들의 마음으로 하여금 무생법인(無生法忍)에 들게 하려고 하여 사자좌(獅子座)에서 아난의 정수리를 만지며 말씀하시었다.

"여래가 항상 말씀하시되

'모든 법이 생기는 것이 오직 마음에 나타나는 것이며 일체의 원인과 결과와 세계의 작은 티끌이 마음으로 인하여 실체를 이룬다.'고 하나니,

아난아! 만약 모든 세계의 온갖 것 가운데 풀잎이나 실오라기까지라도 그 근원을 따져보면 모두 본체의 성질이 있으며, 비록 허공까지라도 이름과 모양이 있거니와 더구나 청정하고 오묘한 밝은 마음은 모든 마음에 본성(本性)이 되거

니 어찌 실체가 없겠느냐?

만약 네가 분별하고 깨닫고 관찰하여 분명하게 아는 성품을 고집하여 반드시 마음이라고 한다면 이 마음이 마땅히 온갖 색깔과 소리와 향기와 맛의 접촉과 법 등 모든 상대되는 대상을 여의고서도 따로 온전한 성품이 있겠느냐?

마치 네가 지금 나의 법문을 듣는 것도 이것이 소리로 인하여 분별함이 있는 것이니 비록 일체의 보고 듣고 깨닫고 아는 것을 없애고 안으로 그윽이 한가함을 지키더라도 오히려 법의 먼지[法塵]를 상대로 한 분별하는 그림자가 되느니라. 내가 네게 명령하여 마음이 아니라고 고집하라는 것은 아니다. 다만 네가 마음에 대하여 세밀하고 자세하게 생각해 보라는 것이다.

만약 앞에 나타나는 대상을 여의고도 분별하는 심성이 있다면 그것은 참으로 너의 마음이겠지만, 만약 분별하는 심성이 앞에 나타난 대상을 여의고서는 실체가 없다면 이는 앞에 나타나는 대상을 분별하는 그림자일 뿐이다.

그런데 앞에 나타나는 대상은 항상 그대로 있는 것이 아니므로 만약 변하여 없어질 때에는 이 마음이 곧 거북의 털이나 토끼의 뿔과 같을 것이니 곧 너의 법신도 함께 끊어져 없어지는 것과 같으리니 그러면 그 무엇이 무생법인(無生法忍)을 닦아서 증득하겠느냐?"

그때 아난이 대중들과 더불어 묵묵히 넋이 나간 듯하였다.

부처님이 아난에게 이르시기를

"세간에서 모든 수련(修練)하는 사람들이 현재 눈앞에서 비록 아홉 차례나 결정을 하였다 하더라도 정기가 새어나가는 것을 다 끊어 아라한이 되지 못한 것은 모두 저 나고 죽고 하는 허망한 생각에 집착해서 진실한 것인 양 오인하기 때문이다. 그러므로 네가 지금 비록 많이 듣기는 하였으나 성인의 과업을 성취하지 못했느니라."

아난이 그 말을 다 듣고 나서 몹시 슬퍼하여 눈물을 흘리면서 부처님 앞에 온몸을 땅에 던지고 꿇어앉아서 합장하고 부처님께 아뢰기를

"제가 부처님을 따라 발심하여 출가하였사오나 부처님의 위엄 있고 신령한 것만 믿고서 늘 스스로 생각하기를

'내가 애써 닦지 아니하여도 여래께서 나에게 삼매(三昧)를 얻게 해 주실 것이다'라고 여겼습니다. 몸과 마음은 본래 서로 대신하지 못한다는 것을 알지 못해서 저의 본심을 잃었으니 몸은 비록 출가하였으나 마음은 도에 들어가지 못함이 비유하면 마치 가난한 아이가 아버지를 버리고 도망한 것과 같습니다.

오늘에야 비로소 아무리 많이 들었더라도 수행하지 아니할 것 같으면 듣지 아니한 것과 같음을 알았사오니 이는 마치 사람이 음식을 말로만 이야기해서는 결코 배부를 수 없는 것과 같습니다.

부처님이시여! 저희들이 지금 두 가지 장애에 얽매인 것은 진실로 고요하고 항상[寂常]의 마음(심성 心性)을 알지 못했기 때문이니 바라옵건대 여래께서는 궁하고 외로운 것을 불쌍하게 여기셔서 오묘하고 밝은 마음을 발하여 저의 마음의 눈을 열어 주소서."

그때에 여래께서 가슴의 만(卍)자에서 보배의 빛을 뿜어내시니 백 천의 색깔이 어울렸으며, 시방의 티끌 같이 많고 많은 넓은 부처님의 세계에 일시에 두루 퍼져서 시방에 있는 보배로운 사찰의 모든 부처님의 정수리에 닿게 하셨다가 다시 되돌려서 아난과 여러 대중에게 이르게 하셨다.

부처님께서 아난에게 말씀하시기를

"내가 이제 너와 모든 제자를 위하여 큰 진리의 법의 깃발을 세우며 시방의 모든 중생으로 하여금 오묘하고 은미하고 비밀스럽고 깨끗하고 밝은 성품을 얻어 청정한 눈을 뜨게 하리라.

아난아! 네가 아까 나에게 대답하기를 '빛나는 주먹을 봅니다.' 하였는데 이 주먹의 광명은 무엇으로 인하여 생긴 것이며 어떻게 주먹이 되었으며 네가 무엇으로 보았느냐?"

아난이 대답하기를

"부처님의 온 몸이 염부단금(閻浮壇金)으로써 보배의 산처럼 빛나시어 청정하게 생긴 것이므로 광명이 있는 것이고 제가 이것을 눈으로 보았으며 수레바퀴 같은 무늬가 있는 다섯 손가락을 구부려 쥐고서 사람에게 보여 주셨으므로 주먹이 되었습니다."

이에 부처님께서 아난에게 이르시기를

"여래가 오늘날 진실한 말로 네게 말해 주리니 지혜가 있는 모든 사람은 비유로써 깨닫게 할 수 있느니라. 아난아! 비유하면 그 주먹을 만약 내 손이 없으면 내 주먹이 될 수 없는 것과 같아서 만약 네 눈이 없으면 네가 보는 것이 이루어질 수 없으리니 네 눈을 내 주먹과 같은 이치에 비유하면 그 의미가 서로 비슷하겠느냐?"

아난이 대답하기를

"그렇습니다. 부처님이시여! 이미 저의 눈이 없으면 제가 보는 것이 이루어질 수 없으리니 여래의 주먹에 비유하면 사실과 이치가 서로 비슷할 듯하옵니다."

부처님께서 아난에게 이르시기를

"네가 서로 비슷하다고 말하였으나 그 이치가 그렇지 않느니라. 왜냐하면 만약 내 손이 없으면 주먹이 반드시 없겠지마는 저 눈이 없는 사람에게는 보이는 것이 전혀 없지 아니하니, 그 까닭이 무엇인가 하면 네가 시험 삼아 길에 나아가서 소경에게 무엇이 보이느냐고 물으면 그 소경이 대답하기를 '지금 내 눈에는 오직 꺼멓게 어두운 것만 보이고 다른 것은 아무 것도 보이지 않는다.'고 할 것이다. 이 이치로 보건댄 앞에 대상이 어두울지언정 보는 것이야 무슨 결함이 있겠느냐?"

아난이 대답하기를

"모든 소경들이 눈앞에 오직 꺼멓게 어두운 것만 보이는 것
을 어떻게 보는 것이라고 하겠습니까?"

부처님께서 말씀하시기를 "아난아! 모든 소경들이 눈이 멀어
서 오직 꺼멓게 어두운 것만 보이는 것과 저 눈을 가진 사
람이 깜깜한 방에 있는 것과 그 두 가지 깜깜한 현상이 다
르냐? 다르지 않느냐?"

아난이 말하기를

"그렇습니다. 부처님이시여! 이 깜깜한 방에 있는 사람과 저
소경들과의 두 가지 깜깜함을 비교하면 조금도 다름이 없습
니다."

"아난아! 만일 눈이 없는 사람이 대상이 컴컴한 것만 보다가
홀연히 눈의 광명을 되찾게 되면 도리어 그 대상의 갖가지
빛깔을 보게 되리니 이것을 눈이 보는 것이라고 한다면 저
어두운 방 안에 있던 사람이 대상이 캄캄한 것만 보다가 홀
연히 등불을 켜면 역시 대상의 갖가지 빛깔을 볼 것이니 이
것은 응당 등불이 보는 것이라고 하겠구나. 만약 등불이 보
는 것일진대 이는 등불이 볼 수 있는 것이므로 등불이라고
이르지 못할 것이며 또 등불이 보는 것인데 네 일과 무슨
상관이 있겠느냐?

그러므로 마땅히 알아야 한다. 등불은 빛을 나타낼 수 있을

지언정 이렇게 보는 것은 눈이지 등불이 아니며 눈은 빛깔을 나타낼 수 있을지언정 이렇게 보는 성품은 마음이지 눈이 아니다."

아난이 비록 다시 이 말을 듣고서 여러 대중들과 함께 아무 말이 없이 잠자코 있었으나 마음은 아직 깨닫지 못하고 오히려 여래께서 자비한 음성으로 말씀해 주시기를 원하며 합장하고 깨끗한 마음으로 부처님의 자비하신 가르침을 기다렸다.

그때 부처님께서 부드러운 그물 모양의 빛나는 손을 들어 수레바퀴 같은 무늬가 있는 다섯 손가락을 펴고서 아난과 여러 대중들에게 말씀하시기를

"내가 처음 도를 이루고 녹야원(鹿野園)에서 교진여 등 다섯 비구와 그곳의 사부대중을 위하여 말하기를 '일체 중생이 보리와 아라한을 이루지 못하는 것은 모두 객진번뇌(客塵煩惱)로 인하여 깨우치지 못하고 그르치는 것이다'라고 하였는데 너희들은 그때에 무엇을 깨달아서 지금 성인의 과업을 이루었느냐?"

그때 교진여가 일어나서 부처님께 아뢰기를

"제가 지금 장로(長老)로서 대중 가운데에서 유독 저만이 '알았다'는 이름을 얻은 것은 객진(客塵)이란 두 글자를 깨닫고 부처님의 과업을 이룩했기 때문입니다. 부처님이시여! 비유하면 마치 길 가는 사람이 여정에 들어 잠을 자거나 밥

을 먹다가 밥 먹고 잠자는 일을 마치고는 행장을 꾸려서 머물 여가가 없이 길을 떠나지만 만약 참다운 주인이라면 갈 곳이 없는 것과 같습니다.

이렇게 생각하면 머물지 않는 것은 나그네이고 머무는 것은 주인이니 머물러 있지 않는 것을 '나그네'라고 이르겠습니다. 또 비가 개이고 맑은 태양이 하늘에 떠올라서 햇빛이 틈으로 들어와 밝게 비치면 허공에 있는 모든 먼지가 보이는데 티끌은 요동하지만 허공은 고요한 것과 같습니다. 이것을 미루어 생각하면 맑고 고요한 것은 허공이고 요동하는 것은 티끌이니 요동하는 것을 '티끌'이라고 정의를 내리겠나이다."

부처님께서 말씀하시기를 "그러하니라."

그때에 여래께서 대중 가운데에서 다섯 손가락을 구부렸다간 펴고 폈다간 다시 구부리시며 아난에게 말씀하시기를

"네가 지금 무엇을 보느냐?"

아난이 대답하기를

"저는 여래께서 백 가지 보배로운 수레바퀴 같은 손바닥을 대중 앞에서 폈다 쥐었다 하는 것을 보았습니다."

부처님께서 아난에게 이르시기를

"네가 내 손이 대중 앞에서 폈다 쥐었다 함을 보았다고 하니 그것은 내 손이 폈다 쥐었다 한 것이냐? 아니면 네가 보는 것이 폈다 쥐었다 한 것이냐?"

아난이 대답하기를

"부처님께서 대중 앞에서 보배의 손을 폈다 쥐었다 하시므로 제가 여래의 손이 스스로 폈다 주었다 하심을 본 것이지 저의 보는 것이 폈다 쥐었다 하는 것은 아닙니다."

부처님께서 말씀하시되

"어느 것이 움직였고 어느 것이 가만히 있었느냐?"

아난이 대답하기를

"부처님의 손도 가만히 있지 아니하였습니다만 제가 보는 것도 오히려 고요하다고 할 것이 없는데 어느 것을 가만히 있지 않았다고 고집하여 말할 수 있겠습니까?"

부처님께서 말씀하시되 "그러하니라."

여래가 손바닥으로부터 한 줄기 보배의 광명을 날려 아난의 오른쪽에 있게 하니 그때에 아난이 머리를 돌려 오른쪽을 보았다. 또 한 줄기 빛을 내어 아난의 왼쪽에 있게 하니 아난이 또 머리를 돌려 왼쪽을 보거늘 부처님께서 아난에게 이르시기를

"네 머리가 지금 무엇 때문에 움직이느냐?"

아난이 대답하기를

"제가 여래께서 보배의 빛을 내시어 저의 왼쪽, 오른쪽에 보내셨기 때문에 왼쪽과 오른쪽을 차례로 보느라고 머리가 저절로 움직였습니다."

"아난아! 네가 부처님 보배의 빛을 보느라고 머리가 왼쪽 오

른쪽으로 움직였다고 하니 그것은 네 머리가 움직인 것이냐 아니면 보는 것이 움직인 것이냐?"

"부처님이시여! 저의 머리가 저절로 움직인 것이지 저의 보는 성품은 오히려 가만히 있는 것조차 없으니 어찌 움직였다고 하겠습니까?"

부처님께서 말씀하시기를 "그러하니라."

그때에 여래께서 널리 대중에게 이르시기를

"만약 중생들이 동요하는 것을 대상 물질[塵]이라 하고 머물러 있지 않는 것을 나그네라 한다면 너희들이 아난의 머리가 스스로 움직였을 뿐 보는 것은 움직이지 않았음을 관찰하고, 또 너희가 나의 손은 스스로 폈다 쥐었다 하였으되 보는 것은 폈다 쥐었다 함이 없는 것임을 깨달으라. 어찌하여 지금 너희는 동요하는 것을 몸으로 여기고 동요하는 것으로 대상인 물질이라고 생각하여 처음부터 끝까지 생각마다 생겼다 없어졌다 하면서 참다운 성품을 잃어버리고 뒤바뀐 짓을 하느냐? 성품에 참 마음은 잃어버리고 물건을 몸인 줄 알고 있으면서 그 속을 돌고 돌아 스스로 끌려 다님을 취하느냐?"

대보적경

부처께서 말씀하셨다.

"본래의 자성을 진실히 깨달아 알면 어떤 법이나 다 깨달아 알게 되리니, 왜냐하면 온갖 법은 다 여래가 이름을 붙여 말했을 뿐이기 때문이니라.

만일 모든 법이 다 이 붙인 이름으로 말미암았다면 이것을 곧 법으로써 시설하지 못할 것이며 또한 나타내어 보일 수 없을 것이다. 나타내어 보일 수 없으므로 여래가 말씀한 것이 다 진실한 제일의(第一義)니라.

법을 따라 다 같이 온갖 법에 들어가서 온갖 법의 분별에 머무르지 않으면 또한 머무르지 않음도 아니니라. 분별법과 분별없으므로 진실하고 평등하게 온갖 법을 증득하여 차별이 없느니라.

법은 태어남이 없나니 이렇게 나는 법이 없는 까닭이니라. 법이라 함은 실로 법이 없나니, 망령된 분별을 내어 널리 계산하고 의탁하는 까닭이니라. 법은 일어남이 없나니 자재하지 못한 까닭이니라.

법은 관찰[觀]할 경계가 없나니 원만도 버린 까닭이니라. 법은 작용이 없으니 가고 옴이 없는 까닭이니라. 법은 자성이 없으니 일체의 자성법(自性法)을 뛰어넘은 까닭이니라. 법은 본래 평등하여 차별이 없나니 희론(戲論)이 없는 까닭이니라.

하는 일을 따라 수승한 원을 일으켜 성취되지 않음이 없나니 그 가운데 하는 자가 없으며 적은 법이라도 얻은 것이 없이 다 '공(空)'에 돌아가느니라.

이러므로 온갖 법이 꼭두각시 같고 꿈과 같아서 높고 낮음이 없나니 내가 마땅히 청정한 넓은 원으로 중생을 교화할 적에 실로 적은 법에라도 집착함이 없었느니라. 무변장엄아, 이것으로 모든 보살의 법의 광명을 얻느니라.

무변장엄아, 만일 모든 보살이 안으로 바로 생각하고 밖으로 산란한 마음이 없이 조용히 머물러서 모든 장애를 끊은 자는, 보살의 보광삼매(普光三昧)를 따라서 생각하고, 매우 깊은 법을 믿어 아는 자는, 마땅히 이 모든 법문을 관찰할 지니라.

온갖 법을 여래가 다 알고 연기문(緣起門)으로써 열어 보이어 연설하느니라. 이와 같은 연기는 허망하여 실답지 않은지라 본래의 자성이 다 빈 것이니 공적(空寂)하나니 이 연기성도 또한 진실이 아니지마는 능히 중생으로 하여금 물들게도 하고 청정케도 하나 시방에 구해도 다 얻지 못하느니라. 얻을 것이 없으므로 받아 지닐 것도 없으며, 받아 지닐 것이 없으므로 내가 설한 법을 오히려 놓아 버릴 것이니, 하물며 법 아닌 것이랴.

놓아 버린다 함도 또한 있는 것이 아니며 또한 취할 것이 없으며 공용(功用)도 없고 본성이 청정하여 온갖 법이 분별이 없나니 분별의 진실성을 분명히 안 까닭이니라.

온갖 법이 머무를 것이 없으며 또한 보지 못하나니 다른 성질이 없는 까닭이니라. 이러므로 모든 법이 머무름이 없고 의지할 것이 없건마는 다만 이름을 붙임으로써 있느니라. 저것이 다 비고 고요해서 자성이 없으며 머무름이 없이 머무느니라. 이러므로 모든 법 머무를 곳이 없느니라. 머무를 곳이 없는 까닭에, 다한 까닭에, 멸한 까닭에, 바뀌는 까닭에, 여래가 다만 다른 이름으로 연설할 뿐이니라. 이러한 그윽한 뜻을 응당 잘 알 것이요,

선(善과) 불선(不善)에 집착하지 말지니라. 만일 선법(善法)에 집착하면 불선법(不善法)도 또한 집착하리라. 이러한 불선법에 집착하므로 모든 번뇌를 내나니 부처가 다른 이름으로 말하여 고성제(苦聖諦)라 하며, 선과 불선에 집착하지 않음으로 말미암아 모든 느낌이 없어지나니 여래가 이 선법으로 끊을 것을 다른 이름으로 말하여 집성제(集成諦)라 하느니라.

제이 집성제를 능히 깨달아 아는 까닭에, 멸한 까닭에, 다한 까닭에, 기억과 생각이 없는 까닭에, 생사를 여의어 버리고 아무 것도 없는 것을 관찰한 까닭에, 생각과 느낌을 즐기지 않고 분별이 없는 까닭에, 여래가 다른 이름으로 말하여 멸성제(滅性諦)라 하느니라.

제삼 멸성제를 깨달아 앎으로써 이 구할 것의 도에 사실대로 깨달아 들어가 온갖 법에 생각, 분별, 희론의 경계를 뛰어 넘어서, 8지(支)의 성도(聖道)와 서로 응하여 바른 소견[正見]과 바른 선정[正定]을 닦아 익히므로 괴로움이 없어지고 도에 나아가는 성제(聖諦)를 깨달아 알게 되나니 부처는 다른 이름으로 제사제(第四諦)를 삼았느니라.

모든 부처님이 이 괴로움을 알고, 괴로움의 원인을 끊고 괴로움 없는 이치를 깨닫고는 도를 닦으며 괴로움, 괴로움의 원인, 고멸 및 괴로움 없는 데로 나아가는 도를 베풀어 놓으셨느니라. 그러나 괴로움이 본래 없는 것이지만 세속적으로 이름을 붙여 놓은 것이니라.

'무명(無明)' 등의 일체가 다 무지(無智)로 인연할 뿐이니라. 왜냐하면 저 무지에는 작은 얽힌 인연도 가히 취할 것이 없으며, 증명할 것이 없으며, 광명 있을 것도 없으며, 깨달아 알 것도 없으며, 또한 얻을 것도 없느니라. 그 가운데 무엇이 있겠는가.

일체가 다 이 허망하고 없어지는 법이라 결심함이 없느니라. 그 가운데 만일 실물이 있다고 내세우면 저들이 곧 세속의 상법(常法)에 집착할 것이다. 만일 분별없다는 데 집착하면 저희들은 곧 끊을 것에 집착하리라.

그러므로 괴로움에 분별을 내지 말고 지혜로써 무지의 자성이 곧 괴로움의 자성인 줄을 비추어 보아라. 무명과 서로 응하는 까닭이니라. 무명이 또한 물(物 경계)과 서로 응하지 않나니 서로 응하지 않으므로 저것도 또한 없는 것이니라. 저것이 서로 응하지 않으므로 무명이 분별도 아니며, 분별 아닌 것도 아니니, 만든 것도 아니며, 없어지는 것도 아니며, 또한 만드는 자도 없나니 시설해 만드는 자를 얻을 수 없는 까닭이니라."

능가경

그때 부처님께서 신통력으로 그 산에서 다시 한량없는 보배의 산을 변화로 만들어 모든 하늘의 수천만억의 미묘한 보배로 장엄하셨다. 하나하나의 산 위에는 모두 부처님의 몸이 나타났고, 하나하나의 부처님 앞에는 모두 국왕인 나바나왕과 그 대중이 모여 있었으며, 시방에 있는 일체 국토가 모두 그 가운데 나타났다. 하나하나의 국토 가운데는 모두 여래가 계시고, 하나하나의 부처님 앞에는 나바나왕과 그 권속이 모두 있었으며, 능가대성의 아수가 동산도 이와 같이 장엄하여 다른 차이가 없었다. 많은 나라에는 모두 대혜보살이 있어 일어나 부처님께 청하여 여쭈었다. 부처님께서 스스로 깨달으신 지혜의 경계를 열어 보이시어 백 천 가지 미묘한 음성으로 이 경을 설하고 나서 부처님과 모든 보살들이 모두 공중에서 숨어 나타나지 않았다.

나바나왕은 오직 자신만이 이 궁전에 머물러 있는 것을 보고 생각하였다.

'앞에 보이던 것은 누구며, 누가 그 설법을 들었으며, 본 것은 어떤 물건[物]이며, 누가 능히 보는가? 부처님과 나라의 성과 많은 보배산림 이와 같은 물건 등은 지금 어느 곳에 있는가? 꿈속에서 만들어진 것인가, 환영(幻影)으로 이루어진 것인가, 마치 건달바성(신기루)과 같은 것인가, 눈병으로 본 것인가, 불꽃에 미혹된 것인가, 꿈속에서 석녀(石女)가 자식을 낳은 것과 같은 것인가, 연기와 불꽃의 불 수레 바퀴가 도는 것과 같은 것인가?'

그리고 다시 생각하였다.

'일체 모든 법의 성품은 모두 이와 같아 오직 자기 마음으로 분별한 경계인데 중생은 미혹하여 능히 알지 못하는 것이다. 능히 보지도 못하고, 또한 보는 것도 없고, 능히 말하지도 못하고, 또한 말하는 것도 없다. 부처님을 뵙고 법을 듣는 것도 모두 분별이니, 앞에서 본 것과 같이 능히 부처님을 볼 수도 없다. 분별을 일으키지 아니하면 이것이 능히 보는 것이다.'

그때 능가왕은 이윽고 곧 지혜를 얻어 온갖 번뇌를 떠나 오직 자기의 마음을 깨달아 분별함이 없는 경지에 머물렀으니 지난날 심은 선근의 힘 때문이었다. 모든 법에서 실다운 소견을 얻어 다른 이를 따라 깨닫지 않고 자기의 지혜로써 바르게 관찰하여 일체 억측으로 헤아리는 삿된 견해를 영원히 떠났다.

큰 수행에 머물렀으며 수행의 스승이 되어 갖가지 몸을 나타냈고 방편을 잘 통달하였다. 또한 모든 경지에서 증진하는 모양을 영민하게 알았으며, 항상 즐거이 마음과 뜻과 의식을 멀리 떠나 세 가지 상속의 견을 끊고 외도의 집착을 떠났으며 안으로 깨달아 여래장에 들어 불지(佛地)에 나아갔다.

그때 허공과 궁전 안에서 모두 소리가 들렸다.

"훌륭하다. 대왕이여, 그대가 배운 것과 같이 모든 수행자도
이와 같이 보고 배워야 하며, 일체 여래도 이와 같이 보아
야 한다. 만약 일체 제법을 보는 것이 다르면 그것은 단견
(斷見)이다.

그대는 심, 의, 식을 영원히 떠나야 하고, 부지런히 일체 제
법을 관찰하여야 한다. 안으로 수행을 닦아 밖에 보이는 것
에 집착하지 마라. 2승(乘)과 외도가 닦는 경구와 보는 경
계와 얻게 되는 모든 삼매의 법에 떨어지지 말라. 그대는
희론과 담소를 즐기지 말며, 위타(바라문교의 경전)의 모든
견해를 일으키지 말라. 또한 왕위의 자재함에 집착하지 말
고, 6정(定) 등에 머무르지 말아야 한다.

만약 이와 같이하면 곧 실답게 수행하는 자의 행이라서 반드
시 다른 논을 꺾고 악견을 깨뜨리며, 일체 아견의 집착을
버리고 미묘한 지혜로 의지하고 있는 식(識)을 바꾸며, 보
살 대승의 도를 닦고 여래께서 스스로 깨친 경지에 들어갈
것이다.

그대는 이와 같이 부지런히 닦고 배워 얻은 법이 더욱더 청
정해져서 삼매를 잘 닦을 것이며, 2승과 외도의 경계에 집
착하여 최상의 즐거움으로 여기지 않아야 한다.

무릇 수행자가 분별하는 것과 같이 외도는 아견(我見)에 집

착하여 아상(我相)이 있고, 또 실물(實物)과 작자(作者)가 있다고 집착하는 마음을 낸다. 2승은 무명(無明)이 행을 인연함이 있다고 보아 성품이 공한 가운데 어지러운 생각으로 분별한다.

능가왕이여, 이 법은 특별히 훌륭한 대승의 도이므로 스스로 증득한 바른 지혜를 성취하게 하고 모든 존재 가운데서 최상의 미묘한 생을 받게 한다.

능가왕이여, 이 대승의 행은 무명의 어둠을 깨고 식(識)의 파도와 격랑을 멸하여 외도의 모든 삿된 행에 떨어지지 않게 한다.

능가왕이여, 외도의 수행자는 자신에 집착하여 모든 이론(異論)을 만들며 집착을 여의고 식성(識性)을 보는 두 가지 뜻을 연설하지 못한다.

훌륭하구나, 능가왕이여. 그대는 먼저 부처님을 보고 이 뜻을 사유하라. 이와 같이 사유하면 부처님을 볼 것이다."

그때 나바나왕이 다시 이런 생각을 하였다.

'나는 다시 여래를 뵙기 원합니다. 여래 부처님께서는 보는 데 자재하시고 외도의 법을 떠나 능히 자증성지(自證聖智)의 경계를 설하시고 모든 교화에 응하며, 짓는 일을 초월하여 여래정(如來定)에 머무시고 삼매(三昧)에 드신다.

이런 까닭으로 대관행의 스승이라 하고, 크게 불쌍히 여기시는 이라 부른다. 능히 번뇌 분별의 나무를 태워 없애고 모든 불자의 무리에 함께 둘러싸여 널리 일체 중생의 마음 가운데 드신다.

모든 곳에 두루 하시며 일체지를 갖추시어 모든 분별하는 모양을 영원히 떠나셨으니, 나는 지금 거듭 여래의 대신통력을 보기 원합니다. 신통력을 봄으로써 얻지 못한 이는 얻고, 이미 얻은 이는 물러나지 않으며, 모든 분별을 떠나 삼매락에 머물러 여래의 지지(智地)를 증장하여 만족하게 하리라.'

그때 부처님께서 능가왕이 곧 무생법인(無生法忍)을 깨달은 것을 아시고 가엾이 여기시어 곧 그 몸을 나타내시고 변화하셨던 일을 도로 다시 본래와 같이 하셨다. 이때 십두왕(十頭王)은 이전에 보았던 것을 보았는데, 한량없는 산성은 다 보배로 장엄하였고, 하나하나의 성 가운데는 모두 여래, 응공, 정등각이 계시고 32종 호상(好相)으로 그 몸을 장엄하였으며, 자신의 몸이 모든 부처님 앞에 두루 있는 것을 보았다. 모두 큰 지혜를 갖춘 야차(夜叉)가 둘러싸고 그들이 증득한 지혜로 행하는 법을 설하였는데, 시방의 모든 불국토에서도 이와 같은 일들은 모두 차별 없이 동일하게 펼쳐졌다.

그때 부처님께서 널리 대중이 모인 것을 관찰하셨으니 지혜의 눈[慧眼]으로 보신 것이요, 육안으로 보신 것이 아니었다. 사자왕과 같이 날쌔게 돌며 신속하게 돌아보시고 기쁘게 웃으시며, 미간, 다리, 겨드랑이, 허리, 목, 어깨, 팔, 만자(卍자) 가운데 하나하나의 모공(毛孔)에서 모두 한량없는 미묘한 빛의 광명을 놓으시니, 무지개가 빛나는 것 같고 태양이 펼치는 빛 같았으며 겁(劫)의 불이 맹렬하게 타는 것 같았다.

이때 허공에 있던 제석과 사천왕은 여래께서 아득히 먼 수미산처럼 높은 능가산 꼭대기에 앉아서 기쁘게 크게 웃으시는 것을 보았다. 그때 모든 보살과 모든 하늘 대중은 다 이런 생각을 하였다.

'여래 부처님께서는 법에 자재하신데 어떤 인연으로 기쁘게 크게 웃으시고 몸으로 광명을 놓으시며, 잠자코 움직이지 않고 스스로 깨달으신 경계에 머물러 삼매의 즐거움에 드시며, 사자왕이 주위를 돌아보듯이 나바나를 보시고 실다운 법을 생각하시는가.'

그때 대혜보살마하살은 먼저 나바나왕의 청을 받고 다시 보살 대중의 마음을 알고 미래 일체 중생을 살펴보니 다 언어와 문자를 즐겨 말을 따라 뜻을 취하므로 미혹이 생기고 2승과 외도의 행을 집착하여 행하였다. 한편 생각하기를,

'부처님께서는 이미 모든 식(識)의 경계를 떠났는데 어떤 인연으로 기쁘게 크게 웃으시는가.'라고 하였다. 그리고 그 의심을 끊기 위해 부처님께 여쭈었다.

부처님께서 곧 말씀하셨다.

"훌륭하고 훌륭하도다. 대혜보살이여, 그대는 세간을 관하여 모든 중생이 3세에 걸쳐 나쁜 견해에 얽힌 것을 불쌍히 여기고 깨달음을 주기 위해 나에게 묻는구나. 모든 지혜 있는 사람은 나와 남을 이롭게 하기 위해 반드시 이렇게 물을 것이다.

대혜여, 이 능가왕은 일찍이 과거 일체 여래, 응공, 정등각에게 두 가지 뜻을 물었고, 지금 또 묻고자 하고, 미래에도 또 그럴 것이다. 이 두 가지 뜻의 차별의 모양은 일체 2승(乘)과 모든 외도가 잘 헤아리지 못한다."

그때 여래께서 능가왕이 이 뜻을 묻고자 함을 아시고 말씀하셨다.

"능가왕이여, 그대가 나에게 묻고자 하니 반드시 빨리 묻는 것이 좋다. 내가 분별하고 해석하여 그대의 소원을 만족하게 하고 환희하게 하리라. 반드시 지혜로써 사유하고 관찰하여 모든 분별을 떠나 모든 경지를 잘 알아 닦고 익히어 대처하여 진실한 뜻을 깨달아 삼매의 락(三昧樂)에 들며, 모든 여래께서 거두어 주시는 바가 될 것이다. 삼매의 즐거움에 머물러 2승 삼매의 과실을 멀리 떠나 부동지(不動地), 선혜지(善慧地), 법운지(法雲地)의 보살의 경지에 머물러 반드시 실답게 모든 법이 내가 없음[諸法無我]을 알며, 마땅히 큰 보배의 연꽃 궁전에서 삼매의 물로 정수리에 뿌려 줄 것이다. 다시 한량없는 연꽃이 나타나 에워싸고 무수한 보살 가운데 머물러 모든 대중과 더불어 번갈아 쳐다볼 것이다. 이와 같은 경계는 불가사의하다.

능가왕이여, 그대가 하나의 방편 행을 일으켜 수행하는 경지에 머물러 다시 한량없는 방편 행을 일으키면 반드시 위에서 설한 바와 같은 불가사의(不可思議)한 일을 얻어 여래의 지위에 있으면서 형상에 따라 사물에 응할 것이니, 그대가 얻은 바는 일체 2승과 모든 외도, 범천, 제석천 등은 일찍이 보지 못한 것이다."

그때 능가왕이 부처님의 허락을 받고 곧 청정한 광명이 큰 연꽃 같은 보배산 정상의 자리에서 일어났다. 모든 채녀들이 둘러싼 곳에서 한량없는 갖가지 색의 꽃, 갖가지 색의 향, 가루 향, 바르는 향, 당(幢)과 번(幡), 휘장, 관(冠), 패옥, 영락과 세간에서 일찍이 보고 듣지도 못한 갖가지 훌륭하고 미묘한 장엄도구를 신통변화로 만들었다.

다시 욕계에 있는 갖가지 한량없는 모든 소리의 악기를 변화하여 만들었는데, 모든 하늘, 용, 건달바 등 일체 세간에 있는 것보다도 뛰어난 것이었다. 사방 불국토에 옛날 일찍이 보았던 모든 소리의 악기를 변화하여 만들고, 큰 보배 그물을 변화하여 만들어 일체 불보살 위에 두루 덮고 다시 여러 가지 최상의 미묘한 의복을 나타내어 당번을 세우고 공양하였다. 이런 일을 하고 나서 곧 허공에 오르니 높이가 7다라수였다. 허공에서 다시 여러 가지 공양의 구름을 비같이 내리며 온갖 음악을 연주하며 공중에서 내려왔다. 해와 번개의 광명이 큰 연꽃 같은 보배산 정상에 앉아 환희하고 공경하며 이렇게 말하였다.

"제가 지금 여래께 두 가지 뜻을 여쭙고자 합니다. 이와 같은 두 가지 뜻을 제가 이미 일찍이 과거 여래, 응공, 정등각께 여쭈었고, 그 부처님께서는 이미 저를 위하여 설하셨습니다. 저는 지금 또 이 뜻을 여쭙고자 합니다. 오직 원하옵건대 여래께서는 저를 위하여 베풀어 설하여 주시기를 원합니다.

부처님이시여, 변화하신 여래는 이 두 가지 뜻을 설하셨으나 근본 부처님은 그렇지 않습니다. 근본 부처님은 삼매락의 경계는 설하셨으나 허망분별의 행은 설하지 않으셨습니다.

거룩하신 부처님께서는 법에 자재하시니 불쌍히 여기시고 이 두 가지 뜻을 말씀하여 주시길 바랍니다. 모든 불자들이 마음에 즐겨 들을 것입니다."

그때 부처님께서 왕에게 말씀하셨다.

"그대는 마땅히 물어라. 내가 그대를 위하여 설하리라."

그때 야차왕이 다시 갖가지 보관 영락과 여러 가지 장식하는 도구를 가지고 몸을 장엄하고 이렇게 말하였다.

"여래께서는 항상 설하기를, '법도 오히려 버려야 하거늘 어찌 하물며 법 아닌 것이랴'라고 하셨는데 어떻게 이 두 가지 법을 버리옵니까? 무엇이 법이며, 무엇이 법이 아니옵니

까? 만약 법을 버린다면 어떻게 둘이 있습니까? 둘이 있으
면 곧 분별상(分別相)에 떨어지며, 유체(有體 체의 있음),
무체(無體), 시실(是實), 비실(非實)과 같이 일체가 모두
분별이므로 아뢰야식(육식이후의 8식)은 무차별 상(相)임을
알지 못하니, 마치 털의 바퀴가 머묾과 같아 청정한 지혜의
경계는 아닙니다. 법성(法性)이 이와 같은데 어떻게 버릴
수 있습니까?"

그때 부처님께서 능가왕에게 말씀하셨다.

"능가왕이여, 그대는 어찌 병(瓶) 등이 무상하게 파괴되는
법을 보지 못하였는가? 중생은 그 가운데서 망령되게 분별
하는 마음을 낸다. 그대는 지금 어찌하여 이와 같이 법과
법 아닌 차별의 모습을 알지 못하는 것인가? 이것이 중생이
분별하는 것이요, 깨달은 지혜로 보는 것이 아니다. 중생은
갖가지 모양 가운데 떨어지지만 모든 깨달은 이는 그렇지
않다.

능가왕이여, 궁전과 동산, 숲이 탈 때 갖가지 불꽃을 보지만
불의 성품은 하나이다. 그러나 나오는 불꽃은 땔나무의 힘
을 따라 불꽃이 길고 짧고 크고 작고 각각 차별이 있듯이
그대는 지금 어찌하여 이와 같이 법과 법 아닌 차별의 모습
을 알지 못하는가?

능가왕이여, 한 개의 종자에서 싹과 줄기, 가지와 잎, 꽃과
열매가 생겨 헤아릴 수 없이 많은 차별이 있는 것과 같다.

밖의 법이 이와 같으니 안의 법도 또한 그와 같다. 말하자면 무명(無明)이 연이 되어 온(蘊), 계(界), 처(處)의 모든 법이 생기며, 삼계에서 모든 세계[趣]에 생을 받아 괴로움, 즐거움, 좋고 추함, 말하거나 잠잠하거나 가거나 멈추며 각각 차별이 있다. 또 모든 식(識)의 상(相)은 비록 이것이 하나이나 경계를 따라 상 중 하, 염(染) 정(淨), 선(善) 악(惡)의 갖가지 차별이 있다.

능가왕이여, 다만 위와 같은 법에만 차별이 있는 것이 아니라 모든 수행자가 관행(觀行)을 닦을 때 스스로 지혜로 행하는 것에서도 또한 차별의 모습을 보는데 하물며 법과 법 아닌 것에 갖가지 차별과 분별이 없겠느냐?

능가왕이여, 법과 법이 아닌 차별상은 모두 상(相)을 분별하기 때문임을 알아야 한다.

능가왕이여, 무엇이 법인가? 말하자면 2승(乘)과 모든 외도는 허망하게 분별하여 실체가 있어 제법의 인(因)이 된다고 말한다. 이와 같은 법은 마땅히 버리고 떠나서 그 가운데서 분별하여 상을 취하지 말아야 할 것이다. 자기 마음의 법의 성품[自心法性]을 보면 곧 집착할 것이 없다. 병 등의 모든 물건은 중생이 어리석게 취하는 것으로 본래 실체가 없는 것이니 모든 관행(觀行)하는 사람이 비발사나(毘鉢舍那: 觀)로써 여실히 관찰하는 것을 이름 하여 모든 법을 버린다고 한다.

능가왕이여, 무엇이 법이 아닌가? 말하자면 모든 법은 성품도 없고 모양도 없다. 영원히 분별을 떠났으므로 실답게 보는 이는 있다거나 없다거나 하는 경계가 모두 일어나지 않는다. 이것을 법 아닌 것을 버린다고 한다.

다시 법 아닌 것이 있다. 말하자면 토끼 뿔과 석녀(石女)의 아이 등은 모두 성품이나 모양이 없어 분별하지도 못하는데 다만 세속을 따라 이름만 있을 뿐이다. 병 등과 같아서 취하여 집착할 것이 아니다. 그것은 이 식(識)이 취할 바가 아니다. 이와 같이 분별하는 것도 반드시 버리고 떠나야 하는데 이를 법을 버림[捨法]과 법 아닌 것을 버림[捨非法]이라 한다.

능가왕이여, 그대가 앞에서 물은 것을 내가 이미 설하여 마쳤다.

능가왕이여, 그대가 말하기를 '나는 과거 모든 여래께 이미 이 뜻을 여쭈었고 모든 여래께서는 이미 저를 위하여 설하셨다'라고 말하였다. 능가왕이여, 그대가 말한 과거는 단지 분별일 뿐이요, 미래도 또한 그러하며 나도 또한 그와 같으니라.

능가왕이여, 모든 부처님 법은 분별을 떠났고 이미 일체 분별의 희론에서 벗어나 색상(色相)과 같지 아니하며, 오직 지혜로 깨달을 뿐이며, 중생에게 안락을 얻게 하기 위하여 법을 설하는 것이다.

무상지(無相智)로써 설하기 때문에 여래라고 이름하고, 여래는 지혜로써 체(體)를 삼고 지혜가 몸[身]이 됨으로 분별할 수 없고 분별의 대상도 될 수가 없다. 아상, 인상, 중생상으로도 분별할 수 없다. 무슨 까닭으로 분별하지 못하는가? 의식은 경계를 인(因)하여 일어나 색(色)과 형상을 취하기 때문에 분별을 떠났고 또한 분별할 대상도 떠났다.

능가왕이여, 비유하면 벽 위에 채색으로 그려진 그림 속의 중생은 알지 못하듯이 세간의 중생도 또한 이와 같아 업(業)도 없고 보(報)도 없다.

모든 법도 또한 그러하여 들을 것도 없고 설할 것도 없다.

능가왕이여, 세간의 중생과 범부와 외도(外道)는 능히 알지 못한다.

능가왕이여, 이와 같이 보는 것을 바른 견해[正見]라 하고 만약 다르게 보면 분별견(分別見)이라 하며 분별하기 때문에 두 가지에 집착한다.

능가왕이여, 비유하면 어떤 사람이 물과 거울 속에서 스스로 그 모습을 보고, 등불과 달빛 속에서 스스로 그 그림자를 보며, 산골짜기에서 스스로 그 메아리를 듣고 분별하는 마음을 내어 집착을 일으키는 것과 같이, 이것도 또한 그와 같아서 법과 법이 아닌 것은 오직 분별일 뿐이다. 분별하기 때문에 능히 버리지도 여의지도 못하고 오직 일체의 허망함만 증장할 뿐 적멸을 얻지 못한다. 적멸이란 말하자면 한

가지 인연[一緣]이다. 한 가지 인연이란 가장 훌륭한 삼매다. 이것으로부터 능히 스스로 깨달은 바른 지혜[自證聖智]가 생기니 여래장(如來藏)으로 경계를 삼는다."

불경에 나오는 여러 가지 비현실적인 이야기 즉 하늘의 왕이니 신통력이니 보배이니 하는 것들은 전부 방편을 구사한 것이다.

후 기

어린 시절, 꿈 많은 시절에 만화를 무척 즐겼고 무술을 잘했으면 하는 소망을 가졌다. 그래서 도인(道人)이라는 단어에 무척 애착을 가지게 되었다. 무언가 남들이 못하는 것들을 할 수 있을 것 같았기 때문이다. 그래서 무협지도 많이 보고 불교서적 중에서 특히 득도(得道)한 도인들의 이야기를 즐겨보았다. 여기서 그 중하나인 중국 불교 6조 혜능의 이야기가 생각난다.

옛날 중국에 노 씨 성을 가진 시골 청년이 있었는데 일찍이 아버지를 여의고 산에 나무를 하면서 홀어머니를 봉양하는 가난한 청년이 있었다. 그 청년이 젊은 시절 어느 날 역시 나무를 해서 배달하다가 지나가는 스님의 불경 읽는 소리를 듣게 된다. 그 경구는 금강경에 나와 있는 것이다.

'그 머무는 바가 없이 마음을 내어야 한다.'

(應無所住 而生其心)

그 청년은 경구를 듣자마자 마음이 확연히 맑아져 그 스님에게 좀 더 배울 수 있는 방법을 물어보고 그 스님은 홍인대사를 추천한다. 그래서 당시 중국 불교의 시조인 달마대사의 제5대 제자인 홍인대사를 찾아가게 된다.

186

홍인대사는 그 청년을 보고 그릇이 크다는 것을 알아차리고 바로 제자로 받아들여 법명을 혜능이라 하였다. 그렇지만 일단 잡일을 시키면서 세월을 보낸다.

그런데 당시 홍인대사의 수제자로 신수라는 아주 뛰어난 제자가 있었다. 어느 날 홍인대사는 제자들에게 여태껏 배운 것에 대하여 게송을 지어서 그 중 가장 뛰어난 제자에게 자신의 법(의발)을 전수한다고 하였다.

이에 신수대사는 자신이 공부한 것에 대해 자신만의 깨달음을 지어 마당 가운데에 게송을 붙여 놓았다.

몸은 깨달음의 나무요
마음은 밝은 거울과 같으니
때때로 부지런히 털고 닦아서
티끌과 먼지가 묻지 않게 하라.

많은 제자들이 보고 칭찬을 하고 당연히 신수대사가 법을 전수받을 것이라 생각한다. 반면에 혜능대사는 글자를 모르기 때문에 지나가는 동료 승에게 쓰인 게송을 물어보고 자신도 나름대로 게송을 지어 동료 승에게 대신 받아 적어서 마당에다 붙여달라고 하였다, 그 내용은 아래와 같다.

깨달음은 본래가 나무가 없는 것이고
밝은 거울 또한 받침대가 없는 것이네
본래 한 물건도 없거늘
어느 곳에 티끌과 먼지가 있으리오.

홍인대사는 이것을 보고나서 바로 찢어버리고 혜능에게는 밤에 찾아오라는 암시를 한다. 그 이후 혜능은 홍인에게 저녁마다 금강경을 배우고 결국에는 의발을 전수받는다.

....

참으로 꿈 많던 고등학생 시절에는 이 이야기가 그렇게 좋았고 혜능대사가 정말 멋져보였다. 마치 무협지에서 주인공이 절벽에서 떨어진 후에 동굴에 숨어 있는 고수에게 절세신공을 전수받는 것 같은 느낌이었다. 나도 어느 이인(異人)이 나타나서 저런 절세무공을 전수해 주지 않나.. 하고,

이렇게 어린 시절(초중고교 학교 시절)에는 다른 사람과 마찬가지로 헛된 꿈, 즉 도술을 부리고 검술의 기예를 습득한다는 등을 많이 상상했다.

그래서인지 고등학교 시절 가장 나에게 영향을 준 책(冊)은 무협지인 '군협지'와 '원효대사'(이광수 著)이다. 특히 군협지에서 많은 것을 배웠다.

- -.견괴불괴(見怪不怪): 괴상한 것을 보면 괴상하지 않게 행동하라. 괴상한 것을 괴상하게 보면 그것에 말려들어가기 쉽다. 즉 사기 당하기 쉽다. 요즘 보이스피싱에 대한 대처로 좋은 말이다.
- -.장강(長江)의 뒷 물결이 앞 물결을 밀어낸다.: 요즘의 기술 발전 속도는 정말 하루가 다르게 발전하고 바뀐다. 이러한 세태에 노력하지 않으면 곧바로 노인 취급을 받는다.

-.절정의 고수에 오르는 것은 꼭 정도(正道)로만 이루어지지는 않는다.: 세계 최고의 부자가 의외로 낮은 학력에, 그리고 대개 창고에서 시작해 대성한 이들이 많다.

물론 책 원효대사에서도 불교에 대한 여러 가지 교훈을 얻었다. 그러나 어린 시절이어서 단순한 호기심으로 좋아한 것이 더 많았다. 그러다가 살아가면서 직장을 가지고 가정을 가지고 하다 보니 어릴 때 꾸었던 꿈에서 현실로 돌아왔다.

사람이 한 평생을 살면서 자신의 사상(개인적 생각의 편협)에 대한 정신적 충격(쇼크)을 받는 경우가 발생된다. 나의 경우에는 2~3차례 정신적 충격으로 인해 그동안 고수하던 고착된 생각과 개념을 바꾸게 되었다.

젊은 시절에 가졌던 불교에 대한 허상이 어느 날 한 순간에 깨져버렸다. 그 날은 도서관에서 아함경이라는 불경을 빌려와서 읽었던 날이었다. 이 책은 나에게 신세계를 보여주었다. 자신이 잘 모르는 허황(?)된 색즉시공이니 공즉시색이니 하는 나의 수준에는 전혀 맞지 않는 경구에 혼을 빼앗기던 시기에 아함경은 그야말로 하나의 등불이었다. 부처는 결코 신통력이나 도인 같은 초자연적인 것을 추구한 것이 아니었다. 부처는 극히 현실적이고 실용적인 가르침을 제시한 것이었다. 아함경을 읽고 불교를 다른 각도에서 본 후에 금강경을 읽으니 그제야 그 경이 말하는 바를 제대로 (물론 아직도 미흡하지만)이해하기 시작했다.

또한 위에서 이야기한 혜능대사나 신수대사나 둘 다 관점이 다를 뿐 뛰어난 스님이라는 것을 느꼈다. 혜능은 돈오(頓悟) 즉 단박에 깨우침이고 신수는 점수(漸修) 즉 꾸준한 노력인 것이다. 사실 개인적인 생각으로는 신수 즉 점수(漸修)의 방법이 더 부처의 본뜻인 불방일에 가깝다고 생각이 든다.

그래서 결국은 재오삼수(再悟三修) 즉 깨우치고 노력하고를 번갈아 반복하며 앞으로 나가야 한다고 생각한다.

마지막으로 부처께서 열반하시기 직전에 설하신 열반경의 한 구절을 다시 한 번 강조하고 싶다.

8만4천 법문이 오직 이것으로 대변할 것으로 생각된다.

대열반경

부처께서 열반하시기 직전에 아난이 물었다.

"스승님께서 입적하시면 이제 저희들은 누구를 의지
 하여야 합니까?"

이에 부처께서 답하셨다.

"진리에 의지하고 사람에게 의지하지 마라.

 모든 것은 덧없으니

 생한 것은 반드시 멸하는 법이다.

　방일하지 말라.

불방일(不放逸)로써

　나는 정각에 이르렀느니라."